Cuadernos Deusto de Derechos Humanos

Cuadernos Deusto de Derechos Humanos

Núm. 56

La prohibición de las bombas de racimo

Mabel González Bustelo

Bilbao
Universidad de Deusto
2009

Apartado 1 - 48080 Bilbao
e-mail: publicaciones@deusto.es
ISBN: 978-84-9830-221-9
Depósito legal: BI-2100-09
Impreso en España/Printed in Spain

Índice

Cuadernos Deusto de Derechos Humanos, Nº 56
ISBN: 978-84-9830-221-9, 2009, Bilbao

0. **Introducción**

Cuando en febrero del año 2007 se lanzó el Proceso de Oslo, nadie entre aquéllos que participaban en él podía imaginar que menos de dos años más tarde, el mundo tendría un Tratado internacional de prohibición de las bombas de racimo. Pero así ha sido. El día 3 de diciembre de 2008, en Oslo (Noruega), casi 100 Gobiernos firmaron ese Tratado. Se trata de un texto integral, sin excepciones ni retrasos, que prohíbe de forma rotunda una categoría completa de armamento convencional. Éste es el mayor paso que ha dado la comunidad internacional en materia de desarme en más de una década, desde que en 1997 se firmara el Tratado de Ottawa contra las minas antipersonales.

Las bombas de racimo han causado innumerables muertes y sufrimiento en todos aquellos conflictos donde se han utilizado, desde Vietnam o Camboya hasta Irak y Líbano. Con un 98% de víctimas civiles, estas armas dejan un legado de muertes, mutilados y estancamiento económico allí donde se utilizan. La noticia de que se van a prohibir es, por tanto, una gran victoria para las víctimas y un gran paso adelante para todos, ya que evitará importantes violaciones de los derechos humanos en el futuro.

El Proceso de Oslo no hubiera sido posible ni desde luego tan inmediato sin una importante implicación de la sociedad civil de todo el mundo. Más de 300 organizaciones de todos los continentes, agrupadas en la Coalición contra las bombas de racimo (CMC, por sus siglas en inglés) han arropado el proceso, han trabajado con sus respectivos Gobiernos y han logrado que los derechos de las personas se hayan situado por encima de los de los Gobiernos, los ejércitos y las empresas del sector armamentístico. Este Tratado, y el proceso en su conjunto, son un sím-

ISBN: 978-84-9830-221-9, 2009, Bilbao

bolo y un ejemplo de cara al futuro: cuando existen la voluntad y el empuje adecuados, es posible lograr normas globales que hagan del mundo un lugar más habitable.

Este texto pretende ser una crónica de ese proceso y explicar las claves de su éxito. Para ello, en primer lugar se aborda la problemática que suponen las bombas de racimo y sus efectos humanitarios, así como su impacto en varios lugares concretos donde se han usado. También se examina su legalidad o ilegalidad con respecto al Derecho Internacional Humanitario (DIH) y los principales debates e iniciativas que se produjeron antes del proceso de Oslo. A continuación se aborda éste, y el papel que ha jugado la sociedad civil en su implementación, para terminar explicando los resultados logrados y el precedente que se sienta de cara al futuro.

1. Algunas consideraciones sobre las bombas de racimo[1]

Las bombas de racimo entran dentro de la categoría de armamento cuyo objetivo es la "neutralización por saturación de área", y normalmente su finalidad es destruir un objetivo militar, obstaculizar el paso o el estacionamiento de tropas y evitar las concentraciones de vehículos blindados. Una bomba de racimo contiene en su interior múltiples municiones que puede dispersar o expulsar. Se trata de un "contenedor" que es lanzado desde tierra, mar o aire, y que contiene entre decenas y cientos de submuniciones de diferente tamaño, sistemas de dispersión de armas y lanzadores.

La submunición, que se separa de la munición "madre", es una carga explosiva diseñada para estallar después de esa separación, en la mayor parte de los casos al impactar en el suelo. Se utilizan contra objetivos diversos, incluyendo personas, vehículos blindados y distinto tipo de material.

La organización Handicap International[2] ha elaborado un informe que, por primera vez, ofrece datos concretos y documentados sobre las víctimas de las bombas de racimo en todo el mundo. Existen grandes dificultades para acceder a esta información porque en muchos casos no existe, ya que durante los bombardeos (y muchas veces también des-

[1] Los apartados 1 al 4 de este texto están basados en el informe *Bombas de racimo. La lluvia de acero,* Greenpeace, Madrid, 2006. Disponible en: www.greenpeace.es

[2] Handicap International, *Fatal Footprint. The Global Human Impact of Cluster Munitions,* noviembre de 2006. Esta organización no solo realiza tareas de sensibilización y presión política en esta materia, sino que participa en tareas de desminado sobre el terreno.

ISBN: 978-84-9830-221-9, 2009, Bilbao

pués de los mismos), nadie realiza un seguimiento sistemático del número de víctimas ni de la causa de la muerte o de las heridas. Esto se agrava por el secretismo que suelen mantener al respecto Gobiernos y Fuerzas Armadas, y por la inexistencia en el terreno de actores independientes que puedan levantar ese velo de silencio. Sin embargo, este informe ha documentado 11.044 muertes confirmadas, que pueden ser atribuidas directamente a las bombas de racimo. Esta cifra responde exclusivamente a las víctimas confirmadas (una información que es muy difícil, y a veces imposible, obtener), por lo que esta organización calcula que el total, en los 23 países analizados, puede ascender a unas 100.000. Un 98% de las víctimas fueron civiles.

Las bombas de racimo afectan de forma desproporcionada a los civiles porque son armas de efecto indiscriminado que buscan saturar grandes áreas de territorio y que, por tanto, no distinguen entre objetivos civiles y militares. El hecho de que los conflictos armados actuales se libren en la mayor parte de los casos en zonas habitadas, incluso civiles, sólo añade más gravedad al problema.

Pero, además de los daños que pueden causar durante los bombardeos, otro gran problema son las grandes cantidades de munición sin explotar que permanecen en el suelo tras el conflicto. Una parte de las submuniciones no estallan, y quedan sembradas por grandes territorios actuando como minas antipersonales hasta muchos años después de que un conflicto haya finalizado. Las condiciones del terreno y del clima, la antigüedad de la bomba, la mezcla explosiva que contiene y sus condiciones de almacenamiento antes de usarse pueden agravar la tasa de fallo y elevar, por tanto, la proporción de munición que no explota en el momento del bombardeo.

Los civiles tienen muchas más posibilidades de morir por el impacto de una submunición que por una mina antipersonal, ya que al contrario que éstas, las bombas de racimo están diseñadas para matar (y no sólo para herir o mutilar). También es probable que la explosión hiera a un mayor número de personas, ya que tienen más poder explosivo y más fragmentos de metal. Y por último, sus colores brillantes (a menudo amarillo, rojo, etc.) atraen en mayor medida a los niños, que juegan con ellas y resultan gravemente heridos o muertos.

A menudo, las personas que sobreviven presentan graves amputaciones y daños en la cara y los órganos internos, además de traumas psicológicos. Son frecuentes la sensación continua de inseguridad y miedo, así como desórdenes diversos que incluyen pesadillas, falta de memoria y de capacidad de concentración y transtornos del comportamiento.

Además, las víctimas suelen encontrarse con que sus posibilidades de acceder a los cuidados médicos adecuados son muy limitadas. En

ISBN: 978-84-9830-221-9, 2009, Bilbao

muchos casos, las zonas afectadas por las bombas de racimo están lejos de un hospital o incluso de una carretera asfaltada, y los hospitales que tienen el equipamiento adecuado para tratar estas heridas están muy lejos. Es difícil, por tanto, que puedan acceder no sólo a tratamientos paliativos para las heridas sino a la psicoterapia, apoyo psicosocial y formación que necesitan para poder reanudar sus vidas. Esto hace muy difícil la rehabilitación y la reintegración en la vida socioeconómica.

Por otro lado, la amenaza de las municiones sin detonar hace muy arriesgado el acceso a la tierra agrícola y a las fuentes de agua, o incluso asistir a la escuela o a los centros religiosos. Cultivar la tierra se convierte en una tarea de alto riesgo. En muchos casos esto hace descender la actividad agraria aunque, en otras ocasiones, la gente decide continuar con esas tareas a pesar de todo, ya que la alternativa en caso de no hacerlo sería el hambre. En ambos casos, la amenaza –de hambre o de muerte por la explosión– es muy real.

Además, desde Laos hasta Kosovo, se han documentado situaciones de posconflicto en las que las personas civiles tratan de limpiar por sí mismas los explosivos con el fin de reanudar antes las tareas agrarias, o las recogen para venderlas y alimentar un ilegal mercado negro de materiales metálicos que se convierte en una de las pocas alternativas para sobrevivir.

Por último, el impacto no afecta sólo a la tierra. Durante la campaña de Kosovo, más de 200 bombas (varias de ellas de racimo) fueron lanzadas al Adriático por aviones que regresaban de bombardear poblaciones en el interior. En mayo de 1999 una de esas bombas quedó atrapada en las redes de un barco pesquero italiano, e hirió a tres de sus tripulantes.

El desminado, una tarea difícil y compleja[3]

Retirar las municiones sin detonar que han quedado en un territorio es difícil y caro, e implica también un alto riesgo para los equipos de desminado. En el caso de las bombas de racimo el proceso es mucho más complejo que con las minas. Los expertos están de acuerdo en que estas tareas de "limpieza" son las más delicadas y peligrosas. La submunición de una bomba de racimo exige un tratamiento distinto. En primer lugar, y por la alta sensibilidad de su mecanismo de detonación, los especialis-

[3] En este informe el término "desminado" se refiere tanto a la remoción de minas antipersonales como de otros artefactos explosivos, incluyendo a las bombas de racimo.

tas afirman que nunca deben moverse para ser eliminadas ni hay que intentar desactivarlas, sino que hay que destruirlas, una a una, *in situ*.

La limpieza con artefactos mecánicos es imposible, ya que por su alto potencial explosivo, la bomba puede dañar o destruir el aparato. Tampoco pueden usarse perros para localizar su ubicación, ni pueden utilizarse los detectores electromagnéticos que se utilizan para las minas (la propia onda electromagnética puede hacer estallar la bomba). Y no es conveniente avisar por radio de que se ha encontrado una de ellas desde una distancia inferior a los 100 metros: la señal de radio la puede hacer explotar. La altísima sensibilidad de estos residuos explosivos genera consecuencias adicionales: por ejemplo, pueden estallar por un simple cambio de temperatura, generado al protegerlas de la luz del sol para evitar que brillen.

En general, las actividades que llevan a cabo las organizaciones que se dedican a abordar el problema de estos explosivos son:

- Retirada o detonación de los explosivos, para lo que antes es necesario reconocer el terreno, determinar qué áreas están minadas, marcarlas y señalizarlas.
- Educación sobre el riesgo que representan estos explosivos, para ayudar a la gente a evitarlas.
- Ayuda a las víctimas, lo que incluye asistencia médica, rehabilitación y servicios de reintegración, además de formación para la apertura de nuevas posibilidades laborales.
- Asesoría sobre las actividades relativas a las minas y restos explosivos y los Tratados internacionales, para avanzar en restricciones a su uso.

En definitiva, se trata de volver a crear un entorno en el que las personas puedan vivir con seguridad, y donde el desarrollo económico y social pueda restablecerse.

Quiénes tienen bombas de racimo

Existen grandes dificultades para conocer el número real de armas disponibles, qué Estados disponen de ellas y cuáles son compradores o vendedores, debido al secretismo oficial que rodea a este asunto. Sin embargo, los informes publicados hasta ahora señalan que al menos 70 países tienen armas de racimo[4]. Estados Unidos por sí solo tiene 1.000

[4] Human Rights Watch, *Worldwide Production and Export of Cluster Munitions*, HRW Briefing Paper, 7 de abril de 2005.

ISBN: 978-84-9830-221-9, 2009, Bilbao

millones de submuniciones. La mayoría de estos arsenales no corresponden a los tipos de armamento más modernos y sofisticados, que incorporan mejoras técnicas como sistemas de guiado, etc., sino que están formados por armas ineficaces y con altas tasas de error.

Con los datos de que se dispone, se puede afirmar que al menos 34 países han producido o producen bombas de racimo, incluyendo proyectiles de artillería, bombas, misiles, etc. También se han identificado más de 80 compañías que han producido bombas de racimo o componentes clave de las mismas. Al menos 55 siguen produciéndolas, de las que casi la mitad están en Europa y ocho en Estados Unidos. El modelo de producción es variado, pero a menudo es resultado de programas internacionales que involucran a distintas empresas. La producción de bombas de racimo implica fabricar e integrar diferentes componentes como piezas metálicas, explosivos, detonadores, materiales de embalaje... Esos componentes pueden ser fabricados por distintas compañías en distintos lugares, para finalmente ser ensamblados.

España, en la lista negra

España es uno de los países donde se fabrican bombas de racimo, y cuyo ejército dispone de ellas. En una respuesta escrita al Congreso de los Diputados en junio de 2005, el Gobierno español reconoció que el Ejército del Aire "dispone de un arsenal limitado de bombas que contienen, respectivamente, submuniciones contra carro y anti pista"[5]. En la misma respuesta, el Ministerio de Defensa aseguraba no tener constancia de que este tipo de bomba haya sido usado por parte de España en ninguna de las campañas internacionales en las que ha participado, y aseguraba que no había planes para la adquisición o el nuevo desarrollo de las mismas.

El ejército español tiene tres tipos de armas de racimo[6]:

- La bomba de racimo CBU-100 B (Rockeye), importada de EE UU pero fabricada en España bajo licencia.

---

[5] Boletín Oficial del Estado, 184/024420, Serie D., Nº 245, 20 de julio de 2005, p. 135.

[6] Carlos Martí Sempere, *Tecnología de la defensa. Análisis de la situación española*, Instituto Universitario General Gutiérrez Mellado, Madrid, 2006. Ver también HRW, *Survey of Cluster Munition and Practice,* memorándum para los delegados a la 14ª Sesión del Grupo de Expertos Gubernamentales, junio de 2006. En la propia página web del Ministerio de Defensa se reconoce tener este tipo de armamento, y así lo confirma también de sucesivas resoluciones aprobadas en el BOE.

ISBN: 978-84-9830-221-9, 2009, Bilbao

- La bomba de racimo anti pista BME-330, fabricada por Expal y que esparce 180 submuniciones, pensada para destruir pistas de bases aéreas, aunque medios técnicos aseguran que pueden ser usadas contra concentraciones humanas.
- La granada de mortero MAT-120, de fabricación nacional, con 21 submuniciones de efecto contra carro y de fragmentación. Está especialmente diseñada para perforar blindaje pero también puede usarse contra concentraciones humanas.

El secretismo que rodea a la industria y el comercio armamentístico hace complejo acceder a información actualizada sobre las empresas que fabrican estas armas y, especialmente, sobre los destinatarios de sus productos. El comercio español de armamento sigue siendo bastante opaco, a pesar de ciertos avances que se han producido en los últimos años, y es imposible saber si el Gobierno ha autorizado la venta a otros países de bombas de racimo y, en ese caso, a cuáles[7]. Sin embargo, las empresas que están asociadas a la producción de bombas de racimo son Expal Explosivos, propiedad del Grupo Maxam, e Instalaza SA. En los últimos cuatro años, el Gobierno español ha destinado 3,18 millones de euros a procesos de compra y mantenimiento de municiones de este tipo, a través de adjudicaciones a estas empresas.[8]

2. **Dónde se han usado bombas de racimo**

Laos

Desde 1964 hasta 1973, Estados Unidos llevó a cabo 580.000 bombardeos sobre el territorio de Laos: uno cada 9 minutos, durante 10 años. Más de dos millones de toneladas de explosivos fueron lanzados sobre aquel país. Si se toman las cifras per cápita, ningún otro país del mundo ha sido bombardeado a mayor escala que éste. Los ataques pretendían cortar las líneas de suministro de Vietnam del Norte y apoyar a las fuerzas gubernamentales de Laos en su lucha contra rebeldes comunistas.

Las bombas de racimo se consideraron útiles porque podían penetrar en la jungla y cubrir (e inutilizar para el enemigo) grandes superfi-

---

[7] Para más información sobre el comercio español de armamentos, y sobre la campaña que desde hace años mantienen Amnistía Internacional, Greenpeace e Intermón Oxfam para lograr mayor transparencia, ver www.greenpeace.es

[8] Boletín Infodefensa, 17/07/08, en www.infodefensa.com

cies de territorio. Los ataques se diseñaron para impedir el acceso de convoyes enemigos a estas zonas, y para evitar que se escondieran entre los árboles. Además, de esta forma no era necesario utilizar tropas de tierra.

Más de tres décadas después del fin de este conflicto, entre 2 y 3 ciudadanos de Laos mueren todos los meses como resultado de los explosivos sin detonar, y otros 6-7 resultan heridos, la mitad de ellos niños. Más de 12.000 personas han muerto por esta razón desde el final de la guerra. Los esfuerzos de desminado y limpieza de terrenos avanzan a un ritmo que no puede abarcar los grandes territorios minados, y esto ha retrasado la reactivación de la agricultura en grandes zonas. No se puede cultivar la tierra allí donde existen dudas de que haya explosivos, y también hace difícil reconstruir carreteras, escuelas y hospitales.

Kosovo

Las bombas de racimo se usaron durante el ataque de las fuerzas de la OTAN sobre Yugoslavia y Kosovo en 1999. En marzo, y después de presionar sin éxito al Gobierno de Yugoslavia para que retirara a sus fuerzas de la provincia de Kosovo, la OTAN inició acciones militares en aquel territorio. Los bombardeos duraron 43 días hasta que, a principios de junio, el ex presidente Slobodan Milosevic anunció la retirada. En cuestión de horas, fuerzas de mantenimiento de la paz de la OTAN y también de Rusia entraban en la capital de Kosovo, Pristina, con la tarea de reconstruir un territorio devastado.

De las 26.000 bombas que se lanzaron sobre estos territorios, casi 1.800 eran bombas de racimo, que dispersaron un número cercano a 300.000 municiones. Los objetivos fueron puestos militares, vehículos en las carreteras, concentraciones de tropas, unidades blindadas y centros de telecomunicaciones. Entre 100 y 150 civiles murieron como consecuencia de estos ataques. En mayo de 1999, una bomba tipo CBU-87 se abrió justo después de que el avión la lanzara y las municiones cayeron sobre un área urbana, con el resultado de 14 civiles muertos y 28 heridos. El incidente hizo que el entonces presidente Estadounidense, Bill Clinton, ordenase la suspensión temporal del uso de bombas de racimo en este conflicto.

El Centro de Coordinación sobre Minas de la Misión de Naciones Unidas en Kosovo (UNMIK) asegura haber destruido más de 18.000 municiones de racimo entre 1999 y 2005. Todas las zonas donde se tenía conocimiento de su existencia fueron limpiadas de acuerdo a los estándares internacionales, aunque UNMIK sigue encontrando municiones en zonas donde no se esperaba que aparecieran. La organización Landmine Action ha podido confirmar 164 víctimas de estas armas en el periodo posconflicto pero, al igual que en los demás casos, se trata sólo de las víctimas confirmadas y sólo del periodo posterior a los ataques. La población más afectada fue aquella que había sido desplazada y trataba de regresar a sus casas, una vez que el conflicto terminó. También fueron víctimas 22 militares y miembros de los equipos de desminado.

Afganistán

En Afganistán, las bombas de racimo han sido usadas desde los años ochenta por los soviéticos, el régimen talibán, la Alianza del Norte (oposición a los talibán) y las tropas de EE UU. En octubre de 2001, un mes después de los ataques del 11 de septiembre, EE UU y varios países aliados comenzaron una ofensiva en este país para capturar a Osama Bin Laden y los principales líderes de la organización Al Qaeda, y expulsar del poder al régimen talibán, que los había "acogido" en el país.

En 2001 y 2002, durante la ofensiva Estadounidense, se lanzaron más de 1.200 bombas de racimo con casi 250.000 submuniciones contra bases militares y posiciones de los talibán. Estos objetivos se encontraban cerca de pueblos y aldeas, cuya población civil resultó afectada. Los equipos de desminado de la ONU estiman que en torno a 40.000 municiones no explotaron. El número de víctimas documentadas en este país supera las 700, de las que 150 murieron.

En Afganistán se produjo un hecho que añadió dramatismo a esta cuestión. Las fuerzas aéreas Estadounidenses comenzaron a lanzar desde sus aviones paquetes de alimentos para los refugiados que huían de los combates. Sólo después se dieron cuenta de que su tamaño y color (amarillo) eran iguales que las submuniciones de la bomba BLU-97/B, que estaba siendo usada en los bombardeos. Las fuerzas Estadounidenses debieron emitir por radio advertencias para la población, alertándola del peligro de confundir ambos productos.

Irak

Irak es otro lugar donde las bombas de racimo han sido un peligro constante durante muchos años. Se han usado en numerosas ocasiones: durante la guerra Irán-Irak, en la Guerra del Golfo de 1991, en las operaciones militares posteriores de la coalición internacional, en la guerra de 2003 y durante la ocupación. Este país ha sufrido constantes guerras y operaciones militares durante las últimas décadas.

ISBN: 978-84-9830-221-9, 2009, Bilbao

En 1991 una coalición internacional atacó Irak para obligarle a retirar sus tropas de Kuwait. Este conflicto se libró en parte en territorio kuwaití, de donde se quería expulsar a las fuerzas iraquíes. Como consecuencia de esto, ya han muerto más de 5.000 personas y, pese a las tareas de limpieza y destrucción que se llevaron a cabo, en 2002 volvieron a destruirse 2.400 submuniciones, una cantidad similar a la del año anterior. En 2006 todavía aparecieron más.

Durante la operación "Tormenta del Desierto", en 2001, las fuerzas estadounidenses lanzaron casi 50.000 bombas con más de 13 millones de submuniciones solamente en las operaciones aéreas (sin tener en cuenta las lanzadas desde el mar o por la artillería). Las estimaciones apuntan a que un tercio no explotó, y fueron encontradas en carreteras, puentes y otras infraestructuras civiles.

En 2003, fuerzas de la coalición internacional liderada por EE UU invadieron Irak utilizando argumentos alternativos y diversos como que tenía armas de destrucción masiva, vínculos con el terrorismo de Al Qaeda y, finalmente, que se iba a deponer a un Gobierno tiránico para llevar la libertad y la democracia. A su vez, esto sería el punto de partida para transformar el paisaje político de Oriente Medio.

Las fuerzas aliadas lanzaron, en las operaciones aéreas, unas 2.500 bombas con más de 440.000 submuniciones. Y esto sólo en los 16 primeros días. Landmine Action ha confirmado que 200 personas murieron y más de 800 resultaron heridas. Pero hay que recordar que esta información es parcial e incompleta y que incluso, en los primeros días del posconflicto, la Autoridad Provisional de la Coalición (APC) tomó medidas para evitar las investigaciones, especialmente sobre bombas de racimo.

Líbano: el catalizador

La presión por una prohibición internacional de las bombas de racimo se intensificó a raíz de los bombardeos que Israel realizó con estas armas en el sur de Líbano, en verano de 2006[9]. Después de un periodo de hostilidades en la frontera entre el ejército israelí y la guerrilla libanesa de Hezbolá, ésta capturó a dos soldados israelíes el 12 de julio. La mañana siguiente Israel lanzó una serie de ataques aéreos en el sur del Líbano que mató al menos a 44 civiles e hirió a más de 100.

---

[9] Posteriormente se ha sabido que también Hezbolá utilizó cierto número de armas de fragmentación en sus ataques contra el norte de Israel.

En el conflicto militar que siguió, Hezbolá mató al menos a 40 civiles israelíes mediante el lanzamiento de cohetes sobre áreas civiles, mientras que Israel lanzó bombardeos masivos sobre todo el territorio libanés seguidos por el envío de fuerzas terrestres. Al menos 1.000 libaneses murieron y casi un millón de personas se vieron obligadas a desplazarse a causa del conflicto, que también causó daños catastróficos a las infraestructuras civiles, incluyendo carreteras, puentes, hospitales, escuelas, plantas eléctricas, etc.

Alrededor del 60% de los bombardeos con bombas de racimo se llevaron a cabo sobre pueblos y ciudades y en sus alrededores. Un buen número de pobladores del sur de Líbano había abandonado previamente la región como respuesta a las advertencias por parte de Israel. Sin embargo, muchos permanecían allí porque les había resultado imposible abandonar la zona, lo que afectó especialmente a los sectores más vulnerables (ancianos, enfermos, personas que no disponían de vehículos y no podían pagar los altísimos precios que se cobraban por los desplazamientos, etc.).

Según datos de la organización Handicap Internacional, en el primer mes tras la declaración de alto el fuego murieron entre 3 y 4 personas al día, un 35% de ellos niños. En noviembre de 2006, los restos de las bombas de racimo habían matado al menos a 22 personas, y otras 130 habían resultado heridas. El 98% de todas las víctimas causadas por las minas y otros tipos de explosivos sin detonar, se debieron a las bombas de racimo[10].

El equipo de acción sobre minas de la ONU en el sur de Líbano calculó que, teniendo en cuenta los lugares localizados y el número de municiones encontradas en la fase de desminado de emergencia, puede estimarse que las bombas utilizadas arrojan una tasa de error del 40%. Esto significa que el número de submuniciones sin detonar que permanecía en el sur del país rondaría el millón de unidades.

La mayoría de las víctimas en el posconflicto entran dentro de una de las siguientes categorías: personas que trataban de limpiar por sí mismas los explosivos que encontraban en sus hogares o tierras; niños que por la curiosidad cogían los explosivos para jugar; granjeros tratando de "limpiar" sus cultivos; personas que se desplazaban a sus actividades cotidianas, y profesionales de los equipos de limpieza.

La fuerte contaminación impidió a muchas personas regresar al sur de Líbano, puso en graves dificultades la distribución de ayuda humani-

---

[10] Tomas Nash, *Foreseeable Harm. The Use and Impact of Cluster Munitions in Lebanon*, Landmine Action, 2006.

ISBN: 978-84-9830-221-9, 2009, Bilbao

taria y retrasó los trabajos dirigidos a la reconstrucción. Entre los sectores más afectados estaba la distribución de agua potable y la reconstrucción de las líneas eléctricas. Muchas de las infraestructuras existentes fueron destruidas durante los bombardeos, en zonas que ya eran especialmente vulnerables porque los índices de pobreza son superiores en el sur a los del resto del país.

Los equipos de desminado, tanto los de la ONU como los de ONG y las fuerzas armadas libanesas, se encontraron una contaminación sin precedentes: los restos de bombas de racimo estaban en las casas, calles, tejados, jardines, colgando de los árboles... El área total contaminada alcanzó los 1.400 kilómetros cuadrados, al norte y el sur del río Litani. Para principios de 2008 se habían detectado 962 objetivos de los bombardeos,[11] aunque se esperaba que sigan aumentando a medida que los equipos se adentran en nuevas zonas. Éste fue el mayor bombardeo con bombas de racimo desde la guerra del Golfo de 1991, aunque se llevó a cabo en una zona geográfica relativamente pequeña, lo que explica el alcance de la contaminación.

Las bombas de racimo tuvieron un efecto devastador sobre la economía del sur de Líbano, que depende fuertemente de la agricultura (un 70% de las familias dependen de ella). El tabaco, el maíz y la fruta no pudieron ser cosechados y lo mismo ocurrió con la aceituna. Los restos explosivos aparecían en los campos y en las ramas de los árboles.

Algunos estudios señalan que más de 3.000 campesinos tuvieron una pérdida media superior a los 8.000 dólares cada uno como resultado de las pérdidas agrícolas (algo muy grave en un país donde la renta per cápita es de 5.300 dólares).[12] Casi 4.000 hectáreas de tierra resultaron contaminadas, de las que casi 3.000 eran tierras agrícolas. Cerca de 900 hectáreas de olivos resultaron contaminadas, y más de 400 de cereales, tabaco y cítricos.

A ello hay que sumar una estimación de 120 millones de dólares para la limpieza de restos explosivos y actividades de reducción de riesgos (como la formación a la población), una cifra mayor que lo que costaron estas mismas actividades en Kosovo.

El Gobierno de Israel afirma que no atacó objetivos civiles y que sólo usó armas permitidas de acuerdo al Derecho Internacional, pero varias ONG presentes en el terreno y las fuerzas de la ONU señalan que hubo

[11] Human Rights Watch, *Flooding South Lebanon: Israel's use of cluster munitions in South Lebanon in July and August 2006,* Vol. 20, Nº 2 (E), febrero de 2008.

[12] Greg Crowther, *Counting the cost. The economic impact of cluster munition contamination in Lebanon,* Landmine Action, Londres, 2008.

ISBN: 978-84-9830-221-9, 2009, Bilbao

bombardeos masivos con bombas de racimo, sobre todo en las últimas horas de la guerra[13]. Esto lo hace especialmente grave pues para entonces ya no tenían utilidad militar, y ya se había aprobado la Resolución 1701 del Consejo de Seguridad de la ONU, del 11 de agosto, que reclamaba el alto el fuego (aunque éste no se produjo hasta el día 14).

Algunas de las principales conclusiones que pueden extraerse del uso de municiones de racimo en Líbano son las siguientes:

- Se trata de un arma de efecto indiscriminado, que satura grandes áreas de territorio, matando a civiles durante los bombardeos y permaneciendo después, actuando como minas antipersonales durante largos periodos de tiempo.
- Cuando se usan sobre áreas civiles, estas armas vulneraban principios básicos del DIH como son la distinción y la proporcionalidad. Su uso masivo sobre zonas civiles, como el que llevó a cabo Israel, es una ruptura con esos principios. Los argumentos de Israel, en el sentido de que los ataques se llevaron a cabo de acuerdo a las normas internacionales, son una muestra más de que hacen falta controles más estrechos sobre el uso de estas armas.
- Las armas que utilizó Israel, por ejemplo las de tipo M-85, suelen ser consideradas como una de las categorías más fiables en cuanto a mecanismos de autodestrucción. Sin embargo, en la realidad esto no ocurrió así. Los equipos sobre minas de la ONU denunciaron que en torno a un 40% de las municiones no estalló y quedaron sembradas sobre grandes superficies del sur de Líbano. Esto demuestra, en primer lugar, que los argumentos sobre mecanismos de autodestrucción no son fiables, y que las pruebas de laboratorio no son lo mismo que el uso en condiciones reales, donde influyen muchas otras cuestiones.
- Israel no es el único país que ha defendido la legalidad del uso de estas armas. También lo hicieron, por ejemplo, EE UU y el Reino Unido después de utilizarlas en Kosovo, Afganistán o Irak. Se trata de un fallo general de la comunidad internacional a la hora de abordar los daños que ciertas armas causan a las poblaciones civiles. Como señalaban organizaciones como Landmine Action, si estas armas siguen siendo legales, se debe a que la comunidad internacional no ha logrado avanzar lo suficiente y declararlas ilegales. Sus daños a la población civil han quedado lo suficiente-

[13] En noviembre de 2006, el ejército israelí anunció que iba a iniciar una investigación sobre el uso masivo de bombas de racimo en el sur del Líbano a pesar, aparentemente, de las claras órdenes en contra que había dado su comandante Dan Halutz.

ISBN: 978-84-9830-221-9, 2009, Bilbao

mente demostrados en numerosos conflictos, de los cuales Líbano es sólo el último ejemplo.

3. Principales debates en torno a las bombas de racimo

La tenencia y uso de bombas de racimo han sido objeto de debate desde hace años, y son numerosos los aspectos que suscitan controversia. Sin embargo, dos de ellos han acaparado la mayoría de los debates: la utilidad militar, real o percibida, de estas armas, y la posibilidad de que ciertas mejoras técnicas reduzcan sus consecuencias humanitarias.

La utilidad militar

La utilidad militar real de las bombas de racimo es una cuestión que ha generado importantes debates. Un buen número de Estados y ejércitos defiende que son un arma efectiva, en ocasiones incluso decisiva en función de las circunstancias y el contexto. La mayor ventaja que se les atribuye es la capacidad de atacar e inutilizar un blanco móvil de gran escala, como una columna mecanizada. También se suele argumentar que usar otro tipo de arma para lograr el mismo objetivo requeriría más poder de fuego y utilizar más explosivos, y que esto provocaría daños colaterales aún mayores.

Las bombas de racimo modernas fueron desarrolladas en los años cincuenta y sesenta del siglo pasado. Su objetivo era compensar los fallos de precisión con más municiones y, por otro lado, permitir alcanzar un mayor número de blancos en menos tiempo. Los países occidentales comenzaron a considerarlas un tipo de armamento útil y eficaz en los años sesenta, en dos contextos y por dos razones muy diferentes.

En la guerra de Vietnam, Estados Unidos descubrió que las armas de área (como las bombas de racimo, las minas antipersonales y el napalm) eran muy eficaces a la hora de hacer frente a un enemigo que ataca y desaparece, y que se mimetiza con la población civil, como el Vietcong. Por su parte la Organización del Tratado del Atlántico Norte (OTAN) las consideraba una parte clave de su arsenal para hacer frente a una hipotética invasión de gran escala por parte de la Organización del Pacto de Varsovia. En este caso, se trataba de compensar la posible falta de precisión de los ataques aéreos y poder hacer frente a un elevado número de blancos.

Cada submunición tiene un poder explosivo suficiente para destruir, o dañar seriamente un tanque blindado y cada bomba que dispersa docenas (o cientos) de submuniciones aumenta de forma exponencial las posibilidades de alcanzar el blanco. Uno de los argumentos que se

ISBN: 978-84-9830-221-9, 2009, Bilbao

utilizan más comúnmente es que resultan decisivas si se pretende hacer frente a una gran columna de tanques protegida por medios aéreos. Sin embargo, en la realidad, la mayor parte de las veces se han utilizado contra fuerzas guerrilleras dispersas y ocultas (en Camboya, Laos o Vietnam, escondidas en densas selvas; o en Irak, en áreas urbanas).

Por todo lo anterior, un buen número de países sigue considerando las bombas de racimo una parte importante de sus arsenales militares. Entre ellos figuran numerosos Estados occidentales. Sin embargo, su relevancia real es dudosa. La mayoría de los países tienen actualmente pocas posibilidades de verse envueltos en una guerra total con grandes ejércitos. Por el contrario, la evolución de las guerras en la segunda mitad del siglo XX y a principios del siglo XXI muestra una tendencia hacia conflictos de escala limitada, librados por fuerzas dispersas e irregulares, y con las armas ligeras como principal herramienta de lucha.

La última batalla real entre tanques en todo el mundo, en la que formaciones blindadas de dos países maniobraron apoyados por artillería y fuerzas aéreas, y donde los tanques fueron la fuerza decisiva, tuvo lugar en la guerra árabe-israelí de 1973 en los Altos del Golán y el desierto del Sinaí. El uso de los tanques como máquinas de guerra organizadas en formación, diseñados para batallar y lograr un resultado definitivo, no se ha producido por tanto en más de tres décadas.

Para los países occidentales, por su parte, hay muchas más posibilidades de verse envueltos en escenarios de mantenimiento de la paz (*peace-keeping*) o imposición de la paz (*peace-enforcing*), que en un conflicto bélico de mayor o menor escala. En estos escenarios, el uso de armas de efectos indiscriminados no es una opción porque su objetivo, precisamente, es proteger a la población civil en una zona de conflicto. Y es crucial para el éxito tener su confianza.

La misma exigencia se presenta en las intervenciones destinadas a "neutralizar amenazas", como las de Afganistán o Irak. Para ganar una guerra de este tipo es necesario no sólo derrotar a las fuerzas enemigas actuales, sino evitar que surjan otras en el futuro. Para eso, es esencial ganar "los corazones y las mentes", es decir, conseguir la confianza de la población civil, de forma que ésta no dé cobertura o soporte a esos eventuales enemigos. La actual situación en ambos países demuestra esto con meridiana claridad. Pero además, una vez que la guerra se acaba, las fuerzas militares ocupantes deberán operar en lo que antes fue el campo de batalla, y las submuniciones y otros explosivos dispersos en el terreno pueden acabar afectando a los efectivos propios.

Numerosas organizaciones humanitarias y de desarrollo, agencias de la ONU y el Comité Internacional de la Cruz Roja (CICR), han extraí-

ISBN: 978-84-9830-221-9, 2009, Bilbao

do las siguientes conclusiones a partir de su trabajo en el terreno, en áreas afectadas por las bombas de racimo:

1. Las armas de racimo dejan cifras importantes de municiones sin explotar, que son una amenaza para el personal militar y para los civiles.
2. Las bombas de racimo lanzadas desde el aire son vulnerables a varios factores que reducen su eficacia y precisión e incrementan la posibilidad de causar daño para los civiles (por ejemplo las condiciones meteorológicas o la naturaleza del suelo).
3. Las bombas de racimo lanzadas desde tierra también son vulnerables a factores similares, especialmente si se trata de misiles.
4. Son armas inapropiadas en áreas habitadas o cerca de ellas, ya que es difícil contener su impacto. Esto significa que, a menudo, impactan sobre objetivos no militares.
5. No son las armas más eficaces contra blindados, y su utilidad militar ha descendido en relación a las armas de precisión.

Conclusiones similares a éstas se han expresado en informes gubernamentales del Reino Unido, Holanda y Estados Unidos. Estos informes también ponían en duda la conveniencia de usar un arma cuya reputación como arma de efectos indiscriminados aumenta el riesgo de afrontar una condena internacional y de ver reducido el apoyo popular a una acción determinada[14]. Un informe oficial estadounidense concluyó que las armas de racimo utilizadas por su ejército en la primera Guerra del Golfo, en 1991, habían tenido tasas de error superiores a lo esperado, entre el 2% y el 23%, y que esas submuniciones sin explotar mataron al menos a 25 soldados estadounidenses. Una década después, tras el nuevo conflicto en Irak del año 2003, otro informe llegó a conclusiones similares.

Desarrollos y mejoras tecnológicas

Los avances en la tecnología pueden sin duda reducir algunos de los problemas humanitarios que generan los tipos menos avanzados de bombas de racimo. Sin embargo, el impulso a estos avances no suele darse por razones humanitarias sino por necesidades militares. Hay tres conexiones directas entre ambos aspectos. Primero, las submuniciones sin explotar afectan por igual a civiles y a militares; segundo, la eficacia

[14] Ver referencias completas en la página web de la Coalición Internacional contra las armas de racimo, en www.stopclustermunitions.org

militar requiere armas precisas y fiables, y, por último, un buen número de operaciones militares son actualmente operaciones de paz, donde el riesgo que generan estos productos se convierte también en una preocupación para los militares. Éstas son varias de las razones que guían el desarrollo de nuevos tipos de armas y la mejora tecnológica.

Las tres principales mejoras que, lentamente, han comenzado a investigarse y aplicarse son: a) reducir el número de submuniciones que no explotan; b) mejorar la precisión y la capacidad de alcanzar el blanco previsto; y c) reducir el número de submuniciones utilizadas.

Para abordar la cuestión de la munición que no estalla, se están desarrollando armas que tienen mecanismos de autodestrucción (que se ponen en marcha si el primer detonador no actuó) y de auto-neutralización (en este caso, se desactiva algún componente esencial para el funcionamiento de la bomba). Un cierto número de países ha establecido, en años recientes, parámetros más estrictos de fiabilidad para las armas de racimo que tienen en su poder[15]. Normalmente esto consiste en una exigencia de que el nivel de fiabilidad, combinando todos los sistemas posibles de explosión o desactivación, no baje del 99% (por ejemplo en EE UU) o el 98% (Suiza). En algunos casos esto significa retirar ciertos tipos de armas y sustituirlas por otras más avanzadas. En otros, las restricciones sólo se aplican a las "futuras" adquisiciones o desarrollos de armas.

Todo ello está desembocando en el desarrollo de armas con menos tasas de error. Sin embargo, esto no es una solución para los problemas humanitarios que generan las municiones sin explotar. En primer lugar, porque incluso aquéllas con menores tasas de error causan un daño desproporcionado si se usan armas de racimo que dispersan gran cantidad de ellas, como hacen las que están en servicio en numerosos países. Y no se han logrado tasas de error menores del 2,5%. Por otro lado, estas bajas tasas de error que suelen mencionar los Gobiernos y la industria militar están calculadas en condiciones de laboratorio, pero pueden cambiar sobre el terreno debido a las tipo del suelo, al clima, etc. Y por último, el debate sobre la fiabilidad es peligroso porque puede alentar un falso sentimiento de confianza y, con ello, lograr que más Estados decidan disponer de estas armas o usarlas.

---

[15] Hay al menos catorce países que han incorporado en sus sistemas de armamento un mecanismo de autodestrucción: Alemania, Argentina, Dinamarca, Eslovaquia, Estados Unidos, Finlandia, Francia, Israel, Italia, el Reino Unido, Rumanía, Rusia, Singapur y Suiza. Entre ellos no se encuentra España. Ver HRW, "Worldwide production and export…", *Op. Cit.*

ISBN: 978-84-9830-221-9, 2009, Bilbao

La otra cuestión referente a los avances técnicos es la precisión. La mayor parte de las armas de racimo actualmente en servicio en el mundo dispersan una elevada cifra de municiones sin guiar, y en este asunto los esfuerzos comenzaron en los años noventa, especialmente en EE UU y Europa, para desarrollar submuniciones "inteligentes"[16]. Esto ha tenido como consecuencia que las armas lleven un menor número de submuniciones pero más precisas. Sin embargo, la precisión nunca es total ya que depende de la identificación adecuada de los objetivos, y esto en última instancia depende de seres y factores humanos, donde el error nunca puede excluirse de forma absoluta.

4. **Legislación internacional y escenario general hasta el Proceso de Oslo**

El marco general del Derecho Internacional Humanitario (DIH)

Hasta ahora no había una normativa internacional específica para regular o limitar el uso de las bombas de racimo. Sin embargo, el Derecho Internacional Humanitario incluye medidas generales para limitar los medios y métodos utilizados en los ataques militares, tanto por los Estados como por los actores no estatales. Los principios fundamentales en que se basa son la distinción entre civiles y combatientes y la proporcionalidad.

El Cuarto Convenio de Ginebra de 1949 ya se refería a la protección de los civiles en tiempo de guerra. En los años setenta la comunidad internacional aprobó dos nuevos instrumentos, complementarios, ante la evidencia de que los nuevos tipos de guerra desarrollados a lo largo del siglo XX habían debilitado de forma considerable la protección de los civiles. De esta forma se aprobaron, en 1977, los dos Protocolos Adicionales a los Convenios de Ginebra. El primero de ellos reafirma la prohibición de usar armas que causan heridas y sufrimiento innecesario y la prohibición de los ataques indiscriminados. El artículo 48 señala que "las partes de un conflicto deben distinguir siempre entre población civil y combatientes, y entre estructuras civiles y objetivos militares y, de acuerdo a esto, dirigir sus operaciones sólo contra objetivos militares". A su vez, el Protocolo II extiende los principios generales de los Convenios a conflictos internos.

[16] Se trataría de lograr avances similares a los logrados con otros tipos de armas "inteligentes", como las usadas en la Guerra del Golfo de 1991, es decir, sistemas de guiado y selección de objetivos.

Todo esto es relevante en relación con las bombas de racimo, ya que éstas causan efectos desproporcionados sobre los civiles y sus propiedades durante los ataques. El alto número de municiones sin explotar causa numerosas víctimas y heridas entre la población civil, hasta mucho tiempo después de que un conflicto haya terminado. Por ello, y aunque el DIH no se refiere de forma específica a estas armas y por ello el tema está sujeto a interpretación, numerosos Estados y ONG afirman que al menos restringe y pone condiciones estrictas a su uso (al igual que el de otras armas especialmente peligrosas) ya que lo contrario iría contra los principios fundamentales de este marco legal.

Pero uno de los problemas relacionados con el DIH, y su pertinencia a la hora de regular el uso de estas armas, es el lenguaje de los Convenios. Al igual que ocurre con numerosos textos del Derecho Internacional, los países que lo negocian utilizan un lenguaje deliberadamente impreciso, que permite un amplio margen de discreción a los Estados a la hora de interpretar cómo se aplican las normas.

Los ataques donde están mezclados blancos civiles y militares, o sobre civiles, son considerados indiscriminados y por tanto están prohibidos. El Protocolo I reconoce que quizá algunas muertes civiles son inevitables, pero afirma que los Estados no pueden, de forma legal, atacar objetivos civiles o lanzar ataques indiscriminados.

El Protocolo I también establece que debe haber proporcionalidad entre la ventaja militar a conseguir y el impacto sobre los civiles. Un ataque es considerado desproporcionado, y por tanto indiscriminado, si "se puede esperar que cause pérdidas de vidas civiles, heridas a civiles, daños a estructuras civiles, o una combinación de todos ellos, que sea excesiva en relación con la ventaja militar, concreta y directa, que se pretende conseguir". Ciertos tipos de ataques con bombas de racimo cumplen estas condiciones, especialmente aquéllos que se llevan a cabo sobre áreas habitadas o cerca de ellas.

¿Cómo se define un área habitada? Esta definición no sólo debe incluir a las ciudades, sino los pueblos y aldeas y sus alrededores. El Protocolo III de la CCW sobre uso de armas incendiarias, por ejemplo, define como concentración de civiles "cualquier tipo de concentración, sea permanente o temporal, por ejemplo en partes no habitadas de las ciudades o en pueblos y aldeas no habitadas".

Por todo ello, un ataque con bombas de racimo contra cualquier tipo de área habitada debería ser considerado indiscriminado de acuerdo al Derecho, y por tanto ilegal, a menos que los mandos militares puedan probar que la ventaja militar que pretendían obtener encaja con el principio de proporcionalidad. Otro elemento que las hace potencialmente indiscriminadas es que no pueden dirigirse contra un blanco pre-

ISBN: 978-84-9830-221-9, 2009, Bilbao

ciso. Al contrario, son "armas de área", dirigidas a la saturación de una superficie determinada.

Los efectos de las bombas de racimo después de los conflictos también generan dudas en el marco del DIH. Algunas interpretaciones del mismo señalan que éste regula no sólo los hechos que se producen durante una guerra sino también las consecuencias de la misma. Desde este punto de vista, el gran número de munición sin explotar que queda en un territorio y que amenaza las vidas y propiedades civiles, significa que un ataque con bombas de racimo es desproporcionado. Por tanto, para valorar la proporcionalidad de un ataque, habría que tener en cuenta no sólo la pérdida de vidas civiles que se produce durante el mismo, sino también las que ocurren después.

Algunos elementos básicos en relación con el Derecho Internacional Humanitario (DIH)

El Derecho Internacional Humanitario establece las normas que deben seguir actores estatales y no estatales a la hora de conducir un conflicto armado con el fin, ante todo, de evitar sufrimientos excesivos e innecesarios. Sus principios básicos son la distinción entre civiles y combatientes, la proporcionalidad, la precaución y la prohibición de ataques indiscriminados. Estos son algunos de los textos clave que forman parte del DIH, y que son relevantes para la cuestión de las bombas de racimo.

ARTÍCULO 51 DEL PROTOCOLO ADICIONAL I (1977) DE LOS CONVENIOS DE GINEBRA

Protección de la población civil

1. La población civil y los individuos civiles tendrán protección contra los peligros que emanan de las operaciones militares. Para hacer efectiva esta protección, deberán observarse en todas las circunstancias las siguientes reglas, que se suman a otras del Derecho Internacional.
2. La población civil como tal, así como los individuos civiles, no serán objeto de ataque. Los actos o amenazas de violencia cuyo primer propósito es extender el terror entre los civiles están prohibidos.
3. Los civiles tendrán la protección aquí establecida, a menos y sólo por el tiempo en que tomen parte en las hostilidades.

ISBN: 978-84-9830-221-9, 2009, Bilbao

4. Los ataques indiscriminados están prohibidos. Son ataques indiscriminados:
   a. Aquéllos que no van dirigidos contra un objetivo militar específico.
   b. Aquéllos que emplean métodos o instrumentos de combate que no pueden dirigirse a un objetivo militar específico, o
   c. Aquéllos que emplean métodos o instrumentos de combate cuyos efectos no pueden ser limitados como requiere este Protocolo y, por consiguiente, impactan en objetivos militares y en personas y bienes civiles sin distinción.
5. Entre otros, los siguientes tipos de ataque se consideran indiscriminados:
   a. Un bombardeo con cualquier método o medio que trata como si fuera un solo objetivo militar a un número de objetivos diferentes y separados, localizados en una población de cualquier tamaño, o en cualquier área que tenga una concentración similar de personas y bienes civiles.
   b. Un ataque del que podría esperarse que cause pérdidas de vidas civiles, heridas a civiles, daños a bienes civiles o una combinación de todos ellos, que sean excesivos en relación a la ventaja militar directa y concreta que se pretende conseguir.
6. Los ataques contra la población civil e individuos civiles como método de castigo están prohibidos.
7. La presencia o movimiento de población civil e individuos civiles no será usada para mantener a ciertas áreas a salvo de operaciones militares, en particular para proteger objetivos militares de ataques o para proteger, favorecer o impedir operaciones militares. Las partes del conflicto no dirigirán el movimiento de civiles como una forma de intentar proteger objetivos militares u operaciones militares de los ataques.
8. Cualquier violación de estas prohibiciones no liberará a las partes del conflicto de sus obligaciones legales respecto a la población civil y los civiles, incluyendo la obligación de tomar las medidas de precaución planteadas en el artículo 57.

[17] Dicho en otras palabras, los civiles no pueden ser utilizados como "escudos humanos".

ISBN: 978-84-9830-221-9, 2009, Bilbao

ARTÍCULO 57: PRECAUCIONES EN ATAQUE

1. En la conducción de operaciones militares debe tomarse un cuidado constante para salvaguardar a la población civil, los civiles y los bienes civiles.
2. En lo que se refiere a los ataques, deben tomarse las siguientes precauciones:
   a. Aquéllos que planean o deciden un ataque deben
      i. hacer todo lo posible para verificar que los objetivos a atacar no son ni civiles ni bienes civiles, y que no están sujetos a protección especial, sino que son objetivos militares con el significado del párrafo 2 del artículo 52, y que no está prohibido por las provisiones de este Protocolo atacarlos;
      ii. tomar todas las precauciones necesarias al elegir los medios y métodos del ataque con el objetivo de evitar o en todo caso minimizar las pérdidas de vidas civiles, las heridas a civiles o el daño a objetivos civiles;
      iii. evitar decidir el lanzamiento de un ataque que pudiera causar pérdidas no buscadas de vidas humanas, heridas a civiles o daños a bienes civiles, o una combinación de ellos, y que pudiera ser excesivo en relación a la ventaja militar concreta y directa que se pretende conseguir.
   b. Un ataque debe ser cancelado o suspendido si parece claro que el objetivo no es militar o está sujeto a especial protección, o si el ataque puede causar pérdidas accidentales de vidas civiles, heridas a civiles, daño a bienes civiles o una combinación de ambos, y puede ser excesivo con respecto a la ventaja militar concreta y directa que se pretende conseguir.
   c. Se debe advertir con anticipación de aquellos ataques que pueden afectar a vidas civiles, a menos que las circunstancias lo impidan.
3. Cuando es posible elegir entre varios objetivos militares para obtener una ventaja militar similar, se debe elegir aquél de ellos que se espera cause menos peligro para las vidas civiles y los bienes civiles.
4. En la conducción de operaciones militares por mar o aire, cada parte del conflicto debe, en conformidad con sus derechos y obligaciones bajo las reglas del Derecho Internacional aplicable en conflictos armados, tomar todas las precauciones razonables para evitar la pérdida de vidas civiles y el daño a bienes civiles.

ISBN: 978-84-9830-221-9, 2009, Bilbao

5. Ninguna medida de este artículo puede ser interpretada como una autorización para un ataque sobre poblaciones civiles o bienes civiles.

Las negociaciones anteriores al Proceso de Oslo: crónica de un fracaso

Hace décadas que el debate sobre la prohibición o la limitación del uso de bombas de racimo forma parte de la agenda internacional. En 1974 se celebró en Suiza la "Conferencia de Expertos Gubernamentales sobre armas que pueden causar sufrimientos innecesarios o tener efectos indiscriminados". En ella el Gobierno de Suecia, apoyado por Egipto, México, Noruega, Sudán, Suiza y Yugoslavia, presentó una propuesta de acuerdo internacional para prohibir las bombas de racimo y otros tipos de armas convencionales. La propuesta fue rechazada por la mayoría de los Gobiernos. En 1976, otra proposición similar, apoyada por trece Estados, también fue rechazada.

En 1977 se aprobaron los dos Protocolos Adicionales de los Convenios de Ginebra, que constituyen el pilar fundamental del DIH. Los Protocolos regulan el comportamiento de los contendientes en guerras internas y en guerras internacionales y establecen determinadas prácticas prohibidas, especialmente en relación con la protección de los civiles; sin embargo, no se logró incluir la prohibición o restricción del uso de armas específicas, entre ellas las bombas de racimo.

En 1981 se aprobó la "*Convención sobre prohibiciones o restricciones sobre el uso de armas convencionales que pueden ser excesivamente dañinas o puede tener efectos indiscriminados*" (CCW, por sus siglas en inglés). Es un Tratado "paraguas", al que se han añadido cinco protocolos adicionales posteriormente, ninguno de los cuales aborda de forma específica la cuestión de las bombas de racimo. Sin embargo, la Convención es el marco general formal en el que se desarrollan las discusiones internacionales sobre esta cuestión. En la primera Conferencia de Revisión de la misma, en 1995, el Comité Internacional de la Cruz Roja presentó un informe que señalaba el incremento en el uso de bombas de racimo en los últimos 30 años y la necesidad de abordar la cuestión[18]. Sin embargo, no lo consiguió.

En la segunda Conferencia de Revisión, celebrada en 2001, se presentaron dos propuestas para abordar esta cuestión. Suiza propuso

---

[18] CICR, "Report of the ICRC for the review conference of the 1980 UN Conventions on Prohibitions or restrictions on the use of certain convencional weapons...", disponible en www.icrc.org/Web/Eng/seteeng0.nsf/html/57JMCR

ISBN: 978-84-9830-221-9, 2009, Bilbao

adoptar un nuevo protocolo, con medidas técnicas para lograr que las submuniciones tuvieran una fiabilidad mínima del 98% y evitar, así, que se convirtieran en nuevos tipos de minas antipersonales. Por su parte, el CICR apostó por un protocolo que definiera la responsabilidad de "limpiar" un área donde permanecen explosivos sin detonar, y procesos para compartir información. La propuesta también incluía restricciones específicas para el uso de bombas de racimo, especialmente, el uso de éstas contra objetivos militares situados cerca de poblaciones civiles.

La conferencia no aprobó estas medidas, pero creó un Grupo de Expertos Gubernamentales para abordar la preocupación generada con los residuos explosivos de guerra (ERW, por sus siglas en inglés) y los tipos de minas diferentes de las antipersonales[19]. El mandato del grupo era estudiar, y plantear medidas y propuestas, para abordar: a) tipos de municiones que pueden causar problemas humanitarios después de un conflicto; b) mejoras técnicas y otras medidas para ciertos tipos de munición, incluyendo las submuniciones, que podrían reducir el riesgo de que se transformen en ERW; c) la validez de las disposiciones actuales del DIH a la hora de minimizar los riesgos que suponen los residuos explosivos tras los conflictos, tanto para civiles como para militares; d) advertencias a la población civil que está en áreas donde existen esos residuos explosivos, limpieza de los mismos, provisión de información al respecto y responsabilidades; e) asistencia y cooperación. La creación de este grupo fue bienvenida por las ONG que trabajan en esta cuestión, aunque al mismo tiempo continuaron reclamando una moratoria inmediata sobre el uso, producción y transferencia de bombas de racimo.

En 2002, el grupo de expertos pidió un nuevo mandato con el fin de negociar, durante el año siguiente, un instrumento destinado a regular las medidas genéricas a adoptar para reducir los riesgos de residuos explosivos tras las guerras[20]. Este Tratado, aprobado el 28 de noviembre de 2003, es el *Protocolo Adicional V a la Convención sobre Armas Convencionales*. En él se establecen las responsabilidades sobre la limpieza, retirada y destrucción de los residuos explosivos tras la guerra, y se hacen recomendaciones genéricas sobre la necesidad de mejorar la fiabilidad de las municiones. También hace un llamamiento a poner en

[19] Hay que recordar que las minas antipersonales habían sido prohibidas anteriormente, en el Tratado de Ottawa de 1997.

[20] Esta categoría incluye todos los tipos de restos de explosivos que han sido usados en una guerra pero no han estallado como se esperaba (bombas, misiles, morteros, granadas y munición). También incluye los explosivos que haya abandonado sin utilizar una parte en un conflicto.

ISBN: 978-84-9830-221-9, 2009, Bilbao

marcha medidas como advertir del peligro a la población civil, educación sobre manejo de riesgos, etc. Incluso afirma que un Estado que usa armas que dejan estos residuos tiene la responsabilidad de contribuir a eliminarlos, incluso si el territorio donde se utilizaron no está bajo su control.

El Protocolo, que ha sido ratificado por más de 20 Estados, entró en vigor en noviembre de 2006 y es un paso importante para reducir el impacto de las bombas de racimo y otros explosivos después de las guerras. Sin embargo, no contiene ninguna disposición legal para prevenir que esto ocurra (sólo medidas a adoptar posteriormente), y el problema crece mucho más rápido de lo que lo hacen las operaciones de limpieza. Tampoco aborda el riesgo de que las bombas de racimo tengan efectos indiscriminados incluso si funcionan como está previsto, por ejemplo, si caen en un área habitada. Y sobre todo, utiliza demasiadas generalidades y "condicionales": los Estados podrían, cuando sea posible, tan pronto como sea posible, cuando sea adecuado... Y muchas de las medidas que contempla se refieren a guerras futuras, y no al problema de los residuos que ya existen ahora y que es necesario limpiar y desactivar.

En 2004, el Grupo recibió un nuevo mandato. Se trataba, entonces, de estudiar las posibles medidas preventivas a adoptar para mejorar el diseño de ciertos tipos de municiones, incluidas las submuniciones, y reducir así sus graves consecuencias humanitarias. Sin embargo, las discusiones se han centrado hasta ahora en cómo lograr diseños y mejoras técnicas que las hagan más fiables. Por el contrario una cuestión clave en relación con esto –cuál es la utilidad militar real de las bombas de racimo y si realmente a las fuerzas armadas modernas les resulta imprescindible tenerlas y utilizarlas– ha recibido una atención muy escasa[21].

Como respuesta a esta lentitud de la comunidad internacional y a su aparente imposibilidad de lograr avances claros, numerosas organizaciones de la sociedad civil de todo el mundo decidieron dar un paso adelante y crearon la Coalición sobre las bombas de racimo (Cluster Munition Coalition, CMC). Su objetivo inicial era una moratoria sobre el uso, producción y comercio de bombas de racimo, hasta que se aborden y resuelvan los problemas humanitarios que generan. Además, por supuesto, de reclamar a los Estados más recursos para las víctimas y que asuman sus responsabilidades sobre la limpieza de las áreas afectadas por las municiones sin detonar. La Coalición señala que el Protocolo V

---

[21] VV AA, *Cluster Weapons: Necessity or Convenience?*, Pax Christi Netherlands, Holanda.

ISBN: 978-84-9830-221-9, 2009, Bilbao

es una medida positiva en el marco del DIH, pero débil a la hora de abordar este tema.[22]

También el CICR, la organización encargada de velar por el cumplimiento del Derecho Internacional Humanitario, ha hecho un llamamiento a adoptar medidas decididas. En concreto, ha propuesto: a) detener inmediatamente el uso de bombas de racimo de funcionamiento deficiente; b) prohibir los ataques con estas armas contra cualquier objetivo militar situado en un área habitada; c) eliminar los arsenales de armas de funcionamiento defectuoso y, antes de su destrucción, evitar que sean transferidas a otros países. También ha anunciado que pedirá un acuerdo internacional que aborde esta cuestión de forma eficaz[23].

Finalmente, en noviembre de 2006, se consiguió un avance de las posiciones de los distintos actores, que alcanzaron lo que podría llamarse un punto sin retorno. Los Estados partes de la CCW se reunieron en Ginebra y 30 Estados se mostraron partidarios de avanzar hacia un instrumento legal internacional que aborde las preocupaciones y los problemas humanitarios que generan las bombas de racimo. De ahí surgiría la iniciativa noruega de lanzar el Proceso de Oslo y hacer avanzar las negociaciones al margen de los cauces convencionales.

Principales debates en relación con el Derecho Internacional

A) Aplicar el DIH o desarrollar nuevas normas

Han existido importantes debates sobre la necesidad o importancia de desarrollar nuevas normas en relación con las bombas de racimo. Desde algunos sectores se opina que sería más importante garantizar el cumplimiento del DIH. Desde el CICR, sin embargo, se ha mantenido una postura diferente. Asegura este organismo que es importante que haya una adhesión y aplicación lo más universal posible al DIH. Sin embargo, señala, la historia ha demostrado que el problema de las bombas de racimo es muy particular y grave, y que confiar en que se apliquen las normas generales no ha garantizado hasta ahora evitar el tremendo sufrimiento que causa este armamento. Lo mismo ocurrió en el pasado con las armas químicas y biológicas, las incendiarias o las nucleares.

---

[22] En un apartado posterior se revisa el trabajo de la CMC y sus organizaciones miembros, así como los resultados logrados.

[23] CICR, "The need for urgent international action on cluster munitions", declaración de Philip Spoerri, director de Cooperación y Derecho Internacional del CICR, 6 de noviembre de 2006. En: www.icrc.org

ISBN: 978-84-9830-221-9, 2009, Bilbao

En muchos –la mayoría– de los conflictos donde se han usado las bombas de racimo, los usuarios de estas armas fueron fuerzas armadas profesionales que tenían buenos conocimientos del DIH, pero esto no impidió que las bombas de racimo causaran graves daños a la población civil. El problema será aún más grave en el futuro, si este tipo de armas es adquirido por otras fuerzas aún menos profesionales. Según el CICR, dadas las especiales características de estas armas, las normas actuales del DIH no son suficientes y se necesitan de forma urgente normas específicas, que incluyan una prohibición.

B) El Protocolo sobre restos explosivos de guerra

El Protocolo V de la Convención sobre ciertas armas convencionales (protocolo sobre restos explosivos de guerra) pretende reducir, después de un conflicto, los peligros que suponen para la población civil todos los restos explosivos abandonados y que no han estallado. Este Tratado es un marco para la remoción rápida de estas armas tras el fin de las hostilidades. Entre otras cosas, exige que cada parte de un conflicto armado proceda a la remoción o preste asistencia para la remoción de toda munición explosiva que haya quedado abandonada o no haya estallado. También exige que esas partes del conflicto faciliten a los organismos de limpieza información detallada sobre el tipo y ubicación de las municiones utilizadas.

Sin embargo, como ya se ha mencionado, el protocolo no impone restricciones específicas al uso de ningún arma. Es decir, que no aborda los efectos que tienen las municiones de racimo sobre zonas muy extensas en el momento de su uso, ni los peligros que encaran los civiles. Además, no incluye requisitos para la reducción del índice de error de estas armas ni para reducir el nivel de contaminación. Ni el protocolo ni los recursos de los que dispone actualmente son, por ello, suficientes si prosiguen el uso y proliferación de estas municiones.

5. **Principales respuestas legales hasta el Proceso de Oslo**

Aunque está ampliamente demostrado que el uso de bombas de racimo ha causado en numerosos lugares graves daños a los civiles, son pocos los casos que han sido sometidos a escrutinio legal bajo las normas del Derecho Internacional o de leyes nacionales. La escasa frecuencia con la que esto ha ocurrido se debe, en primer lugar, a la vaguedad de los términos del Derecho Internacional aplicable, pero también a la escasa voluntad política para hacerlo. Sin embargo, todos los casos que se señalan a continuación sugieren que, cuando el uso de bombas de

ISBN: 978-84-9830-221-9, 2009, Bilbao

racimo se ha llevado a los tribunales, ha sido considerado como particularmente problemático.

Por ejemplo, en junio de 2007, el ex presidente de la República Serbia Krajina, Milan Martic fue condenado por crímenes de guerra y crímenes contra la humanidad por varias acciones (incluyendo el uso de bombas de racimo contra la ciudad de Zagreb, en 1995). El tribunal consideró incluso que, aunque hubiera objetivos militares dentro de la ciudad, esto era irrelevante en comparación con los daños que causan las bombas de racimo en zonas pobladas por civiles.[24]

El DIH se basa, como ya se ha mencionado, en los principios de distinción y proporcionalidad como elementos esenciales en la conducción de hostilidades. Más aún, en conflictos armados internacionales, el Protocolo Adicional I señala que los incumplimientos graves están sujetos a jurisdicción universal obligatoria. Esto significa que los individuos acusados de cometer crímenes de guerra deben ser juzgados por la autoridad competente. Amenazar a civiles con bombas de racimo o usar estas armas de forma indiscriminada son acciones que constituyen violaciones graves del Protocolo.

El Tribunal Penal Internacional (TPI) es ya un posible foro legal donde procesar a aquellos individuos acusados de usar bombas de racimo indiscriminadamente. Desde el momento en que existe un Tratado que prohíbe estas armas, su uso puede ser añadido a la jurisdicción del tribunal como crimen de guerra. Además, de acuerdo al DIH, los Estados son responsables de las violaciones del mismo cometidas por miembros de sus fuerzas de seguridad en el curso de conflictos internacionales. No existe una provisión similar para los conflictos armados internos, aunque podría haber un deber de reparaciones de acuerdo a la legislación internacional sobre derechos humanos.

A continuación se muestran algunos ejemplos de cómo se han abordado hasta ahora ciertos casos relativos al uso de bombas de racimo.

Los bombardeos de la OTAN sobre Nis, en mayo de 1999

La ciudad de Nis, la tercera de Serbia por tamaño, fue una de las más bombardeadas durante la operación Fuerza Aliada, llevada a cabo por la OTAN. La localidad sufrió bombardeos prácticamente diarios con bombas de racimo durante casi tres meses, en su zona industrial y el aeropuerto, además de ataques en el centro de la ciudad y los subur-

[24] Stuart Maslen y Virgil Wiebe, *Cluster munitions. A survey of legal responses,* Landmine Action, Londres, 2008.

ISBN: 978-84-9830-221-9, 2009, Bilbao

bios. El 7 de mayo, por ejemplo, el bombardeo dejó 14 civiles muertos y casi 30 personas con serias heridas.

Este ataque fue confirmado por el entonces Secretario General de la OTAN, Javier Solana, que afirmó que los daños en el hospital y el mercado fueron debidos al fallo de un arma que no alcanzó su objetivo. La OTAN, señaló, nunca buscó atacar a civiles y lamenta las pérdidas de vidas humanas. Organizaciones de derechos humanos aseguraron, sin embargo, que entre ambos blancos había al menos dos kilómetros de distancia, lo que hace imposible que fueran atacados con una sola arma.

El 8 de mayo, un nuevo bombardeo con bombas de racimo alcanzó los suburbios de la ciudad, y cuatro días después otra zona residencial resultó afectada con el resultado de nuevas víctimas. La OTAN, en realidad, usó bombas de racimo hasta el final del conflicto.

El uso de bombas de racimo sobre Nis y otras zonas civiles dio lugar a una investigación por parte del Tribunal Internacional para la ex Yugoslavia. El fiscal creó un comité que debía dictaminar si era adecuado realizar una investigación formal sobre la actuación de la OTAN. El comité creado a tal efecto señaló que las fuerzas de la OTAN usaron bombas de racimo durante su campaña aérea contra aquel país y que, aunque no hay una norma legal internacional que de forma específica prohíba o restrinja el uso de bombas de racimo, estas armas deben ser usadas de acuerdo con los principios generales del DIH. Sin embargo, teniendo en cuenta procesos anteriores y la información disponible, el comité recomendó no abrir esa investigación.

La composición, metodología de trabajo y naturaleza de los miembros del comité han recibido desde entonces muy fuertes críticas. Una de ellas señala que, por un lado, no analizaron las características de las armas utilizadas (las CBU-87 de EE UU y las RBL-755 del Reino Unido), que presentan altas tasas de error y por tanto son especialmente inadecuadas para ser utilizadas en áreas civiles. Por otro, el comité aceptó la versión de la OTAN sobre los incidentes, a pesar de que este organismo no respondió a varias peticiones de información.

Los bombardeos sobre Zagreb en 1995

En junio de 2007, el Tribunal Internacional para la ex Yugoslavia condenó al ex presidente de la República Serbia Krajina, Milan Martic, por crímenes de guerra y crímenes contra la humanidad, entre otras cuestiones por los bombardeos con bombas de racimo sobre la ciudad de Zagreb (llevados a cabo en mayo de 1995). El tribunal lo acusó de ordenar –o no evitar– los bombardeos con bombas de racimo sobre zonas civiles, en violación de las leyes y costumbres de la guerra.

ISBN: 978-84-9830-221-9, 2009, Bilbao

El tribunal no tenía la custodia sobre Martic, por lo que actuó de acuerdo a la norma 61 de sus normas de procedimiento. En estos casos se examinan las evidencias en público y, si se concluye que hay indicios razonables de que el acusado cometió alguno de los crímenes de los que se le acusa, confirma la acusación y dicta una orden de busca y captura internacional. Esto, en el caso de Martic, sucedió en marzo de 1996.

En el año 2002, el acusado se entregó voluntariamente a las autoridades holandesas, y fue transferido al Tribunal. Su defensa alegó que las bombas de racimo Orkan utilizadas en los bombardeos eran un arma legítima que sólo se utilizó contra objetivos militares que estaban ubicados dentro de Zagreb.

En junio de 2007 el tribunal dictó sentencia y el acusado fue condenado por crímenes de guerra y crímenes contra la humanidad, entre otras cuestiones, por el uso de bombas de racimo en áreas civiles. En la sentencia se afirma que la M-87 Orkan es un arma indiscriminada, cuyo uso en zonas civiles sin duda causa víctimas inocentes y que, a la luz de estas circunstancias, el hecho de que hubiera objetivos militares dentro de Zagreb es irrelevante. El tribunal también lo condenó por los muertos y heridos que generaron posteriormente las submuniciones sin explotar.

El caso de Martic fue valorado positivamente por organizaciones de derechos humanos y por aquéllas implicadas en la campaña contra las bombas de racimo, ya que a su juicio demostró que una mayor concienciación sobre el peligro de estas armas hace más probable que se establezcan responsabilidades penales. Además, también sentó un precedente en relación con los objetivos militares que estén dentro de zonas pobladas por civiles (y estableció que, dadas las características de estas armas, su uso no está justificado). Por último, y aunque de forma indirecta, el tribunal rebatió un argumento que suelen utilizar quienes defienden el uso "responsable" de bombas de racimo: que, en caso contrario, habría que usar armas incluso más peligrosas. A juicio del tribunal, restringir el uso de bombas de racimo no da a los contendientes una "luz verde" para usar de forma indiscriminada armas más destructivas.

Líbano, verano de 2006

Durante la invasión de Líbano, en el verano de 2006, el ejército israelí utilizó un gran número de bombas de racimo, especialmente sobre el sur del país y en los últimos días de los bombardeos. Un 60% golpearon en zonas habitadas o muy cerca de ellas. Dos semanas des-

ISBN: 978-84-9830-221-9, 2009, Bilbao

pués del alto el fuego, cuando se pudo evaluar el alcance real de la contaminación por explosivos, el vicesecretario general de la ONU para Asuntos Humanitarios, Jan Egeland, describió el uso de bombas de racimo por parte de Israel como absolutamente inmoral.

En diciembre de ese año Dan Halutz, jefe del Estado Mayor israelí, sugirió que las unidades que emplearon de esa forma las bombas de racimo en realidad no habían cumplido con las órdenes recibidas (aunque, de forma anónima, varios miembros de las fuerzas armadas negaron que hubieran actuado por su cuenta).

La polémica llevó a constituir una comisión (la Comisión Winograd) para investigar la preparación y la conducción de las operaciones militares sobre Líbano. En su informe final, la comisión señaló que no encontraron evidencias de un uso deliberado de bombas de racimo contrario al DIH, aunque sus miembros se quejaban de la falta de claridad que reina sobre qué es un uso aceptable o apropiado de estos tipos de armas. La comisión señalaba que no está claro en qué casos sería aceptable el uso de las bombas de racimo y reclamaba una clarificación de estos asuntos de cara al futuro.

Su uso en Líbano, según la comisión, se llevó a cabo en circunstancias en que las órdenes no eran claras ni tampoco la disciplina, lo que llevó a desviaciones con respecto a las órdenes recibidas. Aunque reconocía los efectos de estas armas durante y después de los conflictos, no llegó tan lejos como para respaldar una prohibición.

El Comité de Derechos Humanos de la ONU también examinó el caso, y dictaminó que el uso indiscriminado de bombas de racimo y los ataques deliberados sobre áreas civiles podrían ser considerados crímenes de guerra. Israel, a su juicio, debería procesar a los responsables de ello. En su informe el comité aseguraba que, aunque no se habían usado armas ilegales de acuerdo al DIH, la forma en que se usaron en ciertos casos sí transgredía la ley. En el caso de las bombas de racimo, señalaban que su uso fue excesivo y no estaba justificado por necesidades militares. Por el contrario, se usaron deliberadamente para impedir el acceso o retorno de los civiles a grandes zonas, y además, *de facto,* funcionaron igual que un ataque con minas antipersonales por sus efectos tras el conflicto. Los miembros del comité fueron más allá y afirmaron que, de hecho, el uso que hizo Israel de estas armas muestra que deben ser prohibidas.

Ningún ciudadano israelí ha sido acusado en relación con el conflicto de 2006 y la forma en que se condujo, principalmente por falta de voluntad política para hacerlo. Esto muestra las debilidades del DIH y de las normas existentes para proteger a los civiles de ciertas armas y prácticas militares.

ISBN: 978-84-9830-221-9, 2009, Bilbao

6. Ejemplos de buenas prácticas unilaterales anteriores al Proceso de Oslo

Medidas nacionales e internacionales para mitigar los impactos negativos de las bombas de racimo

Noruega anunció en junio de 2006 una moratoria en el uso de bombas de racimo, y en noviembre declaró su intención de liderar las negociaciones internacionales encaminadas a su prohibición.

En febrero de 2006, el Parlamento belga aprobó una ley que prohíbe la fabricación, almacenamiento y venta de bombas de racimo. Otras iniciativas similares han sido debatidas en Alemania, Austria, Francia, Italia, Luxemburgo, Suecia y Suiza.

Varios Gobiernos han apoyado dar pasos hacia una regulación internacional de las bombas de racimo en el marco de la CCW.

En octubre de 2004, el Parlamento Europeo aprobó una resolución que pide una moratoria inmediata sobre el uso, almacenamiento, producción y transferencia de bombas de racimo. Éste sería el primer paso hasta que se haya negociado un acuerdo internacional sobre su regulación, restricción o prohibición.

Australia declaró en abril de 2003 que no usaría bombas de racimo, y el Senado australiano aprobó una moción que reclama una moratoria en su uso.

Medidas para prohibir el uso de bombas de racimo en áreas habitadas o cerca de ellas

Noruega pidió a los Estados parte de la CCW que consideren una prohibición del uso de bombas de racimo contra objetivos militares situados en zonas civiles.

Alemania reconoció en agosto de 2005 que el uso de bombas de racimo contra objetivos militares situados entre civiles está prohibido, a menos que estén claramente separados y se tomen todas las precauciones necesarias para garantizar que sólo afectarán al objetivo militar.

Medidas contra el uso de bombas de racimo en condiciones que puedan agravar sus efectos

Brasil sugirió, en septiembre de 2005, que debería limitarse el uso de bombas de racimo dependiendo de las condiciones climáticas y del terreno, y que las bombas de racimo no deberían ser lanzadas desde alturas elevadas, porque su mayor dispersión puede generar más riesgos y daños innecesarios a los civiles.

Medidas para prohibir el uso de armas con altos niveles de error

Dinamarca, Alemania, Noruega, Polonia, Sudáfrica, Suiza, Reino Unido y Estados Unidos anunciaron políticas para promover en sus arsenales los modelos de bomba de racimo más avanzados y fiables.

Argentina, Dinamarca, Alemania, Noruega y Suiza anunciaron que no comprarán o fabricarán (ni, en algunos casos, usarán) bombas de racimo cuya tasa de error sea superior al 1%, y que no usarán aquéllas que no tengan capacidad para autodestruirse o neutralizarse. El Reino Unido anunció que pondrá en marcha una política similar en 2015.

Medidas para destruir los arsenales de armas poco precisas e ineficaces

Bélgica, Alemania, Holanda y Suiza han retirado de servicio las bombas BL-755. El Reino Unido ha reconocido que tiene tasas inaceptables de error y que las retirará en 2010.

Australia, Canadá, Dinamarca y Noruega han retirado las bombas Rockeye.

Holanda anunció en octubre de 2005 que retiraría la mayor parte de su arsenal de proyectiles M483A1[25].

Medidas para adoptar soluciones eficaces después de los conflictos

En noviembre de 2006 entró en vigor el Protocolo V de la CCW, sobre residuos explosivos de la guerra.

7. **El escenario político y la oportunidad para la prohibición**

Las discusiones internacionales sobre la necesidad real de las bombas de racimo, y sobre la posibilidad de un acuerdo internacional, se centraron durante mucho tiempo más en cuestiones como la fiabilidad y las posibilidades de mejorarlas, y mucho menos en los problemas humanitarios que causan. Muchos Estados continúan defendiendo que estas armas tienen una importante utilidad en términos militares. Otros, sin embargo, reconocen que esa utilidad es limitada en la mayor parte de los escenarios de conflicto que potencialmente podrían afrontar (ya

---

[25] Estos son sólo algunos ejemplos de buenas prácticas. Una lista exhaustiva puede encontrarse en Human Rights Watch, *Essential Elements for Reducing the Civilian Harm of Cluster Munitions: Examples of Positive Policy and Practice,* marzo de 2006, en www.hrw.org

ISBN: 978-84-9830-221-9, 2009, Bilbao

que éstos reclaman armas precisas y fiables, todo lo contrario de lo que suponen las bombas de racimo).

Hay claras diferencias entre países y regiones en la forma en que perciben la necesidad de tener bombas de racimo en sus arsenales, y esto depende de factores tan diversos como su posición geopolítica, la naturaleza de sus relaciones con sus vecinos, la percepción que tienen de su papel en el mundo o el poder de sus fuerzas armadas y su industria militar[26]. Todos estos factores son relevantes a la hora de analizar su posible disposición a llegar a pactos o acuerdos en esta materia.

a) Por un lado, están los países con avanzada industria militar y alto gasto en armamento, cuya doctrina militar prevé amenazas militares directas (Israel, Taiwán o las dos Coreas) o intervenciones que exigen disponer de grandes fuerzas (EE UU). Estos Estados defienden la opción de usar bombas de racimo si lo consideran necesario.
b) Otros países tienen industrias militares menos avanzadas y menor gasto militar, pero consideran la existencia de amenazas militares directas (China, Pakistán, Irán), y mantienen la misma postura que el grupo anterior.
c) Países menos desarrollados, con fuerzas armadas de tamaño relativamente pequeño y escaso desarrollo técnico, que pueden afrontar (o de hecho ya lo hacen) un conflicto con fuerzas similares a las suyas. En esta situación están, por ejemplo, numerosos países africanos. Estos Estados observan las bombas de racimo como un instrumento necesario, pero no imprescindible, y pueden renunciar a ellas.
d) Países con industrias avanzadas y alto gasto militar, cuya doctrina militar no contempla amenazas directas ni intervenciones que exijan grandes fuerzas (esto se contempla, más bien, en el caso de operaciones de paz). Es el caso de la mayoría de los países europeos, Canadá o Sudáfrica. En este caso, una presión adecuada puede llevarles abandonar este tipo de armas, o al menos un buen número de ellas.
e) Lo mismo ocurriría en países con industrias poco avanzadas, gasto limitado, y que no contemplan amenazas militares directas, como el caso de los países de América Latina.

La correlación de fuerzas entre estos distintos grupos permitía deducir, a mediados de la primera década del siglo XXI, que éste era un

[26] VV AA, *Op. Cit.*

ISBN: 978-84-9830-221-9, 2009, Bilbao

momento clave para lograr una regulación internacional sobre las bombas de racimo. Son muchos más los países que pueden renunciar a ellas sin menoscabo de su doctrina militar que aquéllos que pueden oponer fuerte resistencia. Por ello, están en condiciones de liderar un proceso encaminado a la prohibición. Aunque algunas grandes y medianas potencias militares se resistan inicialmente a seguir ese camino, es posible lograr avances incluso sin ellas, como demuestra el caso de las minas antipersonales y otros hitos del Derecho internacional.

8. **Las ONG como actores diplomáticos**

Las Organizaciones no Gubernamentales (ONG) son, esencialmente, un fenómeno moderno. En los siglos XVIII y XIX, con la extensión de los derechos civiles en Europa y EE UU, se fundaron números cada vez mayores de organizaciones dedicadas a satisfacer las necesidades de las comunidades, defender ciertos intereses o promover ciertas reformas políticas. Un ejemplo sería el movimiento anti-esclavitud, fundado en Inglaterra a finales del siglo XVIII y que, en 1840, daría lugar a la creación de la Convención Mundial contra la Esclavitud, un esfuerzo de coordinación de organizaciones en el ámbito internacional. El Comité Internacional de la Cruz Roja, por su parte, se fundó en 1863.

Durante el siglo XIX, asociaciones independientes de este tipo se ocuparon de cuestiones como los derechos de la mujer, las condiciones de vida de las poblaciones más pobres o las reformas del poder municipal. Más tarde, en el mismo siglo, surgirían los principales sindicatos de trabajadores.

Actualmente las ONG trabajan sobre multitud de cuestiones y operan prácticamente en cualquier parte del mundo. Existen muchos tipos de organizaciones y algunas trabajan en ámbitos locales, pero las más grandes tienen alcance internacional (en ocasiones global) y amplias áreas de trabajo. Se estima que actualmente existen 25.000 ONG internacionales (con programas y simpatizantes en varios países),[27] frente a 400 que existían hace un siglo.

Aunque han existido debates sobre la denominación más adecuada para estas entidades (grupos de presión, sociedad civil, tercer sector...), en el campo de las relaciones internacionales es más común referirse a ellas como actores no estatales, una denominación que se refiere a su cada vez mayor capacidad de influencia en ámbitos donde antes sólo

[27] James A. Paul, "NGOs and Global Policy Making", junio de 2000, en www.globalpolicy.org

ISBN: 978-84-9830-221-9, 2009, Bilbao

operaban los Estados. Aunque no disponen de mecanismos formalmente establecidos para ejercer esa presión o para participar en la toma de decisiones, hay numerosos logros de los últimos años que no podrían entenderse sin tener en cuenta su papel e influencia: acuerdos internacionales de protección del medio ambiente, de fortalecimiento de los derechos de las mujeres, de control de armamento y medidas de desarme, etc. Algunos sugieren que este poder es, en parte, resultado de la globalización, y de un impulso ciudadano que busca regular el mundo más allá de las fronteras de los Estados-nación.

Las ONG operan de muy diferentes formas. Algunas actúan solas, mientras otras se alían en coaliciones. Algunas se especializan en las protestas y se apoyan en su capacidad de movilización, mientras otras utilizan una diplomacia más discreta. Algunas utilizan la táctica de "*name & shame*" para conseguir sus objetivos; otras trabajan cerca de las autoridades para lograrlo. Algunas producen detallados informes y estudios mientras otras diseñan campañas de sensibilización dirigidas a una base social más amplia. En cualquier caso, cada vez tienen más influencia sobre los Gobiernos que, aunque a veces pueden percibirlas como una amenaza a sus intereses, cada vez más recurren a ellas en busca de información y recaban su apoyo para lograr más legitimidad entre la opinión pública.

Hasta el final de la II Guerra Mundial su papel en relación con la diplomacia oficial estuvo bastante restringido. Sin embargo, durante la contienda ejercieron una fuerte presión y lograron tener una voz en Naciones Unidas. Sus derechos quedaron garantizados en el artículo 71 de la Carta de la ONU, así como por varias decisiones posteriores. También tuvieron una influencia decisiva en el lenguaje que usa la Carta en relación a los derechos humanos. Para el año 2000, unas 2.500 ONG tenían estatus consultivo en el sistema de Naciones Unidas.

La Cumbre de la Tierra de Río de Janeiro, en 1992, fue pionera y modelo de lo que después sería una intensa participación ciudadana en cumbres y conferencias gubernamentales, con 17.000 representantes de ONG participando en el foro paralelo (de los que 1.400 participaban directamente en las negociaciones). También jugaron un papel clave en el desarrollo de las instituciones que surgieron tras la conferencia, como la Comisión de Desarrollo Sostenible. Tres años después, en la Conferencia Mundial sobre la Mujer de 1995, había 35.000 representantes de ONG en el foro paralelo.

Actualmente continúan las discusiones y debates sobre la democracia y la rendición de cuentas en los procesos globales de toma de decisiones. Sin embargo, lo que cada vez está más claro es el papel vital que juegan las ONG en estos procesos. La globalización ha dado lugar a la existencia de asuntos transnacionales, y asuntos que interesan a poblaciones de numerosos países, que las ONG abordan de forma, en ocasiones, más eficaz y legítima que los propios Gobiernos.

Algunas de las formas en que las ONG pueden actuar en estos asuntos son:

– Establecimiento de acuerdos en el ámbito operacional:
  - Participación en consorcios de organizaciones que participan en operaciones de ayuda humanitaria (Steering Committee for Humanitarian Response, Internacional Council of Voluntary Agencies)
  - Actuar de forma directa en ámbitos regionales (numerosas agencias especializadas de la ONU, Netaid)
– Influencia política:
  - Situar asuntos en la agenda política global mediante la presión política en foros de la ONU: derechos humanos, medio ambiente, género, racismo, etc. (Campaña Internacional para la prohibición de las Minas, iniciativa Jubileo 2000 sobre alivio de la deuda externa)
  - Movilización de la opinión pública global mediante campañas y protestas (movimiento "anti-globalización")
  - Participación regular en el diálogo en foros de la ONU (UNAIDS, Consejo de Derechos Humanos)
  - Participación en conferencias mundiales y en los procesos de negociación para el establecimiento de nuevas normas globales (Río en 1992, Pekín en 1995, Kyoto)
  - Diálogo e influencia política en niveles nacionales y regionales (apoyo de los Gobiernos a ciertas decisiones y resoluciones de la ONU)
– Influir en los procesos y modos de Gobierno de las instituciones internacionales:
  - Participación en los debates sobre las formas de gobernanza global (reforma de la Organización Mundial del Comercio)
  - Propuesta de reformas de la ONU (reforma de la Asamblea General y el Consejo de Seguridad, nuevos instrumentos como el Tribunal Penal Internacional)

En ocasiones las ONG pueden ser decisivas cuando las negociaciones sobre un determinado tema llegan a un punto muerto. En 1990 una ONG italiana, la Comunidad de San Egidio, tuvo un papel decisivo en las negociaciones de paz en Mozambique, llevando a ambos grupos contendientes a negociar un acuerdo de paz. En 1995, durante las negociaciones para extender el Tratado de no Proliferación Nuclear (TNP), ONG

ISBN: 978-84-9830-221-9, 2009, Bilbao

de varios países y el Gobierno de Sudáfrica contribuyeron de forma decisiva al acuerdo de extensión permanente del Tratado.

Algunos debates sobre las ONG

Este creciente papel e influencia de las ONG no siempre ha sido bien recibido y ha dado lugar a importantes debates sobre su legitimidad para influir en el poder. Mientras amplios sectores de la opinión pública lo asumen como algo positivo, en otros ámbitos, especialmente académicos y políticos, se han expresado motivos de preocupación y cuestionamientos sobre su legitimidad. Su "internacionalismo", en este sentido, se ha visto en ocasiones como una amenaza para la soberanía democrática.

Este argumento se desarrolla en varias vías. Por un lado, se dice que la participación de la sociedad civil es anti-democrática porque son instituciones no elegidas (ni ellas, ni los individuos que en su nombre participan en ciertas negociaciones). Sin embargo, también se podría afirmar que los procesos de negociación del Derecho Internacional no han sido nunca democráticos. Es posible que ahora lo sean más que nunca, ya que hay un número y proporción sin precedentes de Estados democráticos. Sin embargo, los diplomáticos que participan en las negociaciones no han sido elegidos, y las cuestiones internacionales que se abordan en estas negociaciones no suelen ser determinantes ni influyentes en los resultados electorales internos, en la mayoría de los países, ni suelen ser temas prioritarios para la opinión pública. Además, la distancia que existe entre los electorados y esos diplomáticos no es la misma, en muchos casos, cuando nos referimos a las ONG y la sociedad civil.

Estos argumentos reflejan una mentalidad muy formalista y una manera muy estrecha de pensar sobre la democracia (sólo como democracia representativa y mediante la regla de la mayoría)[28]. En teoría, el electorado de un país determinado puede influir en las posiciones de los delegados de su país en una negociación internacional; en la práctica esto no suele ocurrir. Pero esa influencia sí puede darse cuando los ciudadanos deciden apoyar una causa determinada a través del apoyo o participación en organizaciones de la sociedad civil. Se trata de participación, más que de representación.

Un asunto importante es que los ciudadanos de ciertos países, especialmente de los países desarrollados, con acceso a Internet y altos nive-

[28] Marlies Glasius, "How Activists Shaped the Court", diciembre de 2003, en www.globalpolicy.org

les de estudios, tienen más posibilidades de ejercer esa participación. Ésta es una cuestión que debe tenerse en cuenta. Sin embargo, puede alegarse que quienes se preocupan por la soberanía en realidad no lo hacen sólo porque haya más actores participando en los procesos de creación de Derecho Internacional sino, principalmente, por el propio desarrollo del Derecho Internacional (que sí es una limitación a la soberanía de los Estados). Y se preocupan porque la mayoría de las ONG, especialmente las que abordan cuestiones relativas a los derechos humanos, tratan de hacer avanzar ese Derecho en formas que suponen restricciones a la conducta de los Estados y a sus márgenes de autonomía. Suponen, en definitiva, una forma distinta de ver cómo deberían comportarse los Estados a la hora de negociar y crear Derecho Internacional: defendiendo sus intereses nacionales, pero también el interés público global o, dicho de otra forma, el interés de la humanidad en su conjunto.

9. **Algunos ejemplos de activismo en el pasado reciente**

La Campaña Internacional para la Prohibición de las Minas (ICBL)

Esta campaña, una de las más exitosas de la historia con implicación de la sociedad civil, logró en 1997 que 122 países acordaran dejar de usar minas antipersonales, un arma que por entonces mataba o hería a unas 24.000 personas al año (la mayoría civiles). Era la primera vez en la historia que se prohibía un arma convencional usada frecuentemente. Cinco años atrás, en 1992, cuando la campaña se puso en marcha, ese objetivo había sido calificado de utópico por la mayoría de los Gobiernos y miembros de las Fuerzas Armadas en todo el mundo. La campaña recibió el premio Nobel de la Paz, no sólo por haber logrado su objetivo, sino por lo que supuso de modelo de implicación de la sociedad civil internacional en un asunto de amplias repercusiones para la paz.

Una cuestión clave en esta campaña fue el cambiante contexto internacional tras el fin de la Guerra Fría, que permitió analizar los asuntos relativos a la paz y la guerra fuera del marco tradicional de las décadas anteriores (basado en evitar un holocausto nuclear). Numerosas organizaciones comenzaron a analizar los nuevos conflictos armados y el modo en que se conducían. Además, las posibles respuestas de los Gobiernos no estaban tan condicionadas como durante el enfrentamiento bipolar de la Guerra Fría y esto abría un mayor espacio para la acción.

Las ONG fueron las primeras en darse cuenta de cómo afectaba a su trabajo la crisis humanitaria de las minas antipersonales (había

ISBN: 978-84-9830-221-9, 2009, Bilbao

decenas de millones de minas sembradas en numerosos países del mundo). Esto incluía a organizaciones de desarrollo, de derechos humanos, de refugiados, humanitarias, etc. Y pronto se llegó a un consenso: para eliminar el problema era necesario eliminar estas armas; es decir, las minas antipersonales debían ser prohibidas. Por ello un grupo de organizaciones se organizó en 1992 para documentar el problema y coordinar sus esfuerzos. La campaña, de comienzos modestos, llegaría a agrupar a más de 1.200 organizaciones de 80 países con este objetivo.

El *modus operandi* de la campaña era una estructura muy descentralizada en la que el objetivo global era la prohibición de las minas. Para ello se celebraban reuniones periódicas y se desarrollaban estrategias conjuntas, pero cada organización y red nacional tenía libertad para decidir cómo articular el trabajo en función de su mandato y sus circunstancias particulares. La campaña actuaba como un "paraguas" colectivo, que ofrecía la autoridad necesaria para que cada organización pudiera hablar con eficacia sobre lo que pasaba en todo el mundo en relación con las minas antipersonales, y evitando que cualquier organización pudiera quedarse sola en el intento.

El papel de una serie de Gobiernos partidarios de la prohibición también fue clave. En un principio, desde la campaña se temía que con su implicación sólo pretendiesen secuestrar el proceso y minimizar el impacto del Tratado. Sin embargo, en 1996 celebraron una serie de reuniones con la campaña y lograron romper con este temor. Canadá asumió el liderazgo y se ofreció a organizar una reunión donde poner en común las posiciones y adoptar una estrategia que llevase a una prohibición total en el menor tiempo posible. Desde ese momento el trabajo conjunto y la comunicación fueron muy importantes. El conocido como Proceso de Ottawa, que arrancó aquí, tenía como objetivo lograr un Tratado integral y sin ambigüedades en el plazo de un año. Esta implicación de Canadá en un proceso diplomático fuera de los esquemas tradicionales fue otra de las claves del éxito.

En Oslo se produjeron las negociaciones clave, que fueron innovadoras en muchos sentidos. Era la primera vez que países pequeños e intermedios se unían a una campaña realizada por ONG para lograr un Tratado de este tipo, resistiendo, además, las intensas presiones de EE UU para que no se lograra. El texto que se adoptó era incluso más fuerte que el borrador que se manejaba durante la negociación. La presencia constante de las ONG en la negociación aseguró que no se iba a desvirtuar el contenido del Tratado. Finalmente, en diciembre de 1997, más de 120 países acudieron a Ottawa a firmar el Tratado, que entró en vigor el 1 de marzo de 1999.

ISBN: 978-84-9830-221-9, 2009, Bilbao

Los resultados, aunque calificados en ocasiones de lentos, han sido concluyentes. Más de 150 países forman parte actualmente del Tratado y han dejado de fabricar, vender, almacenar y usar minas antipersonales. Los fondos destinados al desminado y asistencia a las víctimas han aumentado, y el Comité Internacional de la Cruz Roja (CICR) apunta a un lento, pero continuado, descenso en el número anual de víctimas causadas por estas armas. Además, incluso países que no han firmado el Tratado, como EE UU, han dejado de usarlas por las consecuencias políticas que esto podría tener, y no las fabrica desde 1997. China, por su parte, no ha vuelto a exportarlas y desde hace años está apoyando las tareas de desminado en un buen número de países. Y entre los firmantes sólo un país, Turkmenistán, ha sido acusado de mantener en sus arsenales un número de 70.000 minas terrestres para entrenamiento militar (una cifra bastante superior a lo que resultaría justificable).

La campaña por el Tribunal Penal Internacional (TPI)

La constitución del Tribunal Penal Internacional fue el mayor avance del Derecho Internacional en una década, y nunca hubiera sido una realidad sin la implicación activa de numerosos grupos de ONG y sociedad civil. De hecho, la emergencia de una sociedad civil internacional y el desarrollo de una nueva concepción del Derecho Internacional basado en la protección de los individuos son dos procesos que han evolucionado íntimamente relacionados.

La primera propuesta de crear un tribunal penal internacional fue realizada por uno de los fundadores del CICR, Gustave Moynier, en 1872. Ya existía para entonces el primero de los Convenios de Ginebra, dirigido a proteger a los heridos en tiempo de guerra, pero fue incumplido por las atrocidades que cometieron ambos bandos en la guerra franco-prusiana de 1870. Esto dio lugar a fuertes debates. Algunos señalaban que si los Estados no cumplen las normas éstas no tienen utilidad y deben abolirse. La postura de Moynier fue la contraria: para asegurar ese cumplimiento y castigar a quienes no lo hagan es necesaria una autoridad internacional. La propuesta no fue bien recibida por los Estados, pero fue la primera expresión de la idea de que el poder de juzgar ciertos crímenes no debe recaer sobre los Estados que los cometen sino sobre una autoridad independiente.

Después de la II Guerra Mundial la idea volvió a surgir pero desapareció en medio de las dinámicas de la Guerra Fría. En 1989 apareció de nuevo de la mano del primer ministro de Trinidad y Tobago, Arthur Robinson, aunque hubiera pasado de nuevo desapercibida de no haber ocurrido la limpieza étnica de Yugoslavia y el genocidio de Ruanda, con

ISBN: 978-84-9830-221-9, 2009, Bilbao

todos los debates que generaron. Los tribunales internacionales *ad hoc* creados para juzgar los crímenes cometidos en ambos conflictos fueron los precedentes más claros del TPI.

En 1995 se fundó la Coalición para el TPI (CICC, por sus siglas en inglés), formada por individuos y organizaciones de todo el mundo que querían un tribunal fuerte e independiente, no condicionado por los Estados. La coalición fue clave para que las negociaciones no se desarrollaran del modo secreto que es habitual sino que fueran públicas, y realizó una fuerte labor de sensibilización hacia la opinión pública. Así, si tradicionalmente estas negociaciones se llevan a cabo en secreto y lo que llega al público es el producto final de las mismas, en este caso fueron lo más transparentes que podían ser. Esto era muy importante para las ONG, pero también para países pequeños que no tenían capacidad para participar en todos los niveles de la negociación al mismo tiempo. Además la coalición financió e hizo posible la participación de organizaciones y académicos de países del Sur en las negociaciones.

La coalición influyó de manera decisiva en los parámetros y resultados de la negociación en varias cuestiones clave. La primera, quién puede iniciar un procedimiento ante el tribunal. La propuesta inicial atribuía este papel a solamente dos tipos de actores: Estados y el Consejo de Seguridad de la ONU. El fiscal no podía, de acuerdo a este modelo, iniciar una investigación a iniciativa propia. Pero la postura de la coalición era exactamente la contraria, es decir, que el fiscal debía tener la capacidad de iniciar sus propios procedimientos, para evitar que el tribunal fuera inoperante debido a los intereses de los Estados o los bloqueos políticos en el Consejo. Lograr esto, fundamental para la eficacia del tribunal, se considera uno de los mayores logros de la coalición en el curso de las negociaciones.

Otra cuestión importante era la posición de las víctimas y los testigos en relación con el tribunal. En lugar de ser sólo instrumentos de la acusación, la coalición pensaba que debían establecerse de forma clara mecanismos para protegerlos y garantizar su derecho a la reparación. La coalición también presentó, un año antes de que lo hiciera ningún Estado o la ONU, una propuesta detallada sobre la financiación del tribunal. E influyó decisivamente a la hora de ubicar en el Tribunal las cuestiones de género y, específicamente, los crímenes relacionados con el género (como crímenes sexuales en tiempo de guerra).

La Conferencia de Roma, donde se negociaría el Estatuto del Tribunal, comenzó con altos grados de incertidumbre y un fuerte enfrentamiento entre EE UU y ciertos países que le apoyaban, por un lado, y el amplio grupo de países partidarios de un TPI fuerte, en el otro lado. Éstos tenían el apoyo de la sociedad civil y lograron resistir las presiones

ISBN: 978-84-9830-221-9, 2009, Bilbao

en materias como la independencia del fiscal o la obligación de un país de entregar a algún ciudadano acusado determinados crímenes. EE UU ejerció todo su poder y logró ciertas concesiones, como la reformulación de ciertos crímenes, la preferencia otorgada a los procesos nacionales, la seguridad nacional como razón para no colaborar con el tribunal, etc. Sin embargo, el resultado final conseguido lo fue, en gran medida, pese a esa presión.

La Coalición para el TPI coordinó el trabajo de más de 200 organizaciones que asistieron a la conferencia. Éstas desarrollaron documentos de posición, se coordinaron con los representantes de los países partidarios, y tuvieron un buen acceso a las delegaciones que les permitió hacer un importante trabajo de *lobby*. Su papel fue reconocido por numerosas delegaciones e incluso por la ONU. En 2002, tras la ratificación de 60 países, el TPI entró en vigor. Hoy en día, 106 Estados forman parte de él.

Este Tribunal puede investigar y perseguir delitos de genocidio, crímenes contra la humanidad y crímenes de guerra allí donde las autoridades nacionales no lo hagan; el fiscal puede iniciar investigaciones de oficio si recibe información de alguna fuente fiable (y sin permiso de Estados o del Consejo de Seguridad, cuyos miembros no tienen derecho de veto). Sólo una cuestión debilitó en parte el poder de este organismo: o el Estado donde se cometió el crimen es parte del Tribunal, o bien lo es la nacionalidad del acusado. Sin embargo, y aunque el resultado no fue perfecto, obtuvo un apoyo firme de los Estados partidarios y de la sociedad civil.

En resumen, la sociedad civil fue imprescindible para lograr la transparencia en las negociaciones y para conseguir un tribunal independiente, bien financiado, sensible a las cuestiones de género y a las necesidades y derechos de las víctimas. Se trata de un avance histórico en materia de derechos humanos y DIH que, a pesar de sus limitaciones, supone una clara diferencia en materia de impunidad para ciertos crímenes especialmente graves y para impedir que en el futuro esos crímenes vuelvan a producirse. Se trata del primer intento en la historia de la humanidad de crear un tribunal global para crímenes de guerra.

10. La sociedad civil española y las cuestiones de desarme

Diversas ONG y organizaciones de la sociedad civil española han participado desde hace años en campañas que tratan de lograr avances en distintos ámbitos y, más específicamente, en relación con el comercio de armas y el desarme. En los años noventa cuatro de las más grandes (Amnistía Internacional, Greenpeace, Intermón-Oxfam y Médicos sin Fronteras) iniciaron una campaña para reclamar más control y transparencia de las ventas españolas de armamento. La propuesta y la gestión técnica de la campaña corrió a cargo del Centro UNESCO de Cataluña.

La campaña "Hay secretos que matan" fue pionera en lo que se refiere a sumar fuerzas en este sentido, y tenía un fuerte componente de denuncia sobre el militarismo y el comercio de armas. Por decirlo en otras palabras, muchas personas en estas organizaciones trabajaban en lugares donde la proliferación de armas –incluyendo armas vendidas desde España– tenía un fuerte impacto sobre las condiciones de vida de la población, y decidieron ponerse en marcha para dejar de ser el "servicio posventa" de los intereses españoles. Un importante valor añadido de esta campaña fue abordar la cuestión desde las perspectivas de organizaciones con mandato y funciones distintas: de derechos humanos, de medio ambiente, de desarrollo y humanitaria, pues, a pesar de estas diferencias, tenían en común el haber constatado el impacto que tienen las ventas descontroladas de armas sobre la vida humana.

La campaña fue pionera en España en materia de "diplomacia paralela" en cuestiones de desarme, y se basó en el modelo según el cual distintas organizaciones, centros de investigación e institutos, etc., se organizan y trabajan de forma conjunta y coordinada, como grupos de presión, ante la lentitud e ineficacia de las formas de diplomacia más tradicionales. Se trataba de una modalidad de intervención social y política nueva en este país. De forma coordinada, cada organización movilizaba a su base social, hacía sensibilización y participaba en las tareas de *lobby*, tanto hacia el Gobierno como hacia el Parlamento y los partidos políticos, todo con el fin de lograr el objetivo común.

Éste era, primero, romper el secretismo de las exportaciones de armas, y después lograr un cierto control parlamentario de esta actividad y una mejora de la legislación para hacerla más restrictiva y evitar ciertas ventas. Lograr estos objetivos ha sido un proceso largo y arduo que todavía no se ha logrado de forma plena, pero se ha avanzado mucho. Hoy sabemos mucho más sobre qué productos vende España y a dónde, y se han logrado avances importantes en materia de control. Un hito fue la aprobación, en diciembre de 2007, de la *Ley de Comercio Exterior de material de defensa y de doble uso*, algo que había sido reclamado durante años y que significa un importante avance.

En España, la campaña contra las minas antipersonales corrió paralela a la anterior y fue llevada a cabo por las mismas organizaciones con

ISBN: 978-84-9830-221-9, 2009, Bilbao

el apoyo de otras.[29] Una de las claves del éxito de esta campaña, y esto también puede afirmarse para el caso de España, es que logró dar visibilidad a las consecuencias reales de las minas: las vidas destrozadas y mutiladas de aquéllos que sufren sus efectos. Para ello se elaboraron materiales y se organizaron actos dedicados a explicar las consecuencias de las minas, la crisis humanitaria global que suponían y los objetivos de la campaña. La colaboración de los medios de comunicación fue decisiva para divulgar el problema, como también lo fue el trabajo del foto periodista Gervasio Sánchez y su proyecto "Vidas minadas". A través de una exposición fotográfica, y de una gran cercanía a las víctimas del problema, se logró que grandes sectores de la población conocieran este problema y rechazaran de forma unánime el uso y fabricación de minas.

En febrero de 1997 se obtuvo un éxito parlamentario que fue decisivo. Todos los grupos parlamentarios, sin excepción, votaron una proposición no de ley en la que se pedía al Gobierno pasos claros y contundentes dirigidos a la prohibición de la fabricación, almacenamiento, comercialización de todos los tipos de minas antipersonales, así como la destrucción de los stocks existentes.

La proposición no de ley fue considerada una gran victoria para las ONG y por extensión para la sociedad civil, así como una muestra de los resultados que pueden alcanzarse cuando se trabaja en colaboración. A partir de aquel momento, el trabajo se centró en presionar al Gobierno para que adoptara estas medidas y en seguir trabajando con el Parlamento para que vigilase de cerca el proceso. Los acontecimientos siguientes mostraron, no obstante, que en el trabajo de presión desde la sociedad civil no se puede cantar victoria por anticipado. Durante la reunión de Oslo, celebrada aquel mismo año, y en la que se redactó el Tratado internacional, el Gobierno español jugó un lamentable papel al tratar de diluir el contenido de esta norma, mediante la introducción de excepciones a la prohibición total y moratorias para su entrada en vigor. Sólo la presencia de representantes de la sociedad civil y la denuncia que hicieron de estos intentos evitó que lograran su objetivo.

Algo similar sucedió en diciembre en Ottawa, durante la ceremonia de firma del Tratado, cuando también hubo intentos de reducir el alcance de los compromisos. Sin embargo, la determinación de la sociedad civil y de varios Gobiernos comprometidos con el tema pudieron más, y lograron que se adoptase la norma más ambiciosa. Todo ello muestra

[29] Para una descripción detallada de ambas campañas, ver Vicenç Fisas, *El lobby feroz. Las ONG ante el comercio de armas y el desarme,* Icaria, Barcelona, 1998, y del mismo autor, *Hay secretos que matan,* Icaria, Barcelona, 1995.

ISBN: 978-84-9830-221-9, 2009, Bilbao

que incluso después de logrados los objetivos esenciales, hay una etapa a veces larga, y siempre menos notoria, de control, seguimiento y verificación. Se trata de una fase más técnica y menos visible pero no por ello menos importante.

Una aportación fundamental de las campañas relacionadas con el desarme convencional es que han cambiado completamente un aspecto fundamental de la situación: estas cuestiones han dejado de ser secretas, y su debate ya no está restringido a sectores militares, industriales o diplomáticos sino que ha llegado a la sociedad civil. La suma de fuerzas ha demostrado ser un poderoso activo en manos de esta última.

11. **El Proceso de Oslo**

En febrero de 2007 comenzó un nuevo proceso de negociación internacional, con el objetivo de lograr una prohibición internacional de las bombas de racimo en el año 2008. Liderado por el Gobierno de Noruega y con el apoyo activo de numerosas organizaciones de la sociedad civil de todo el mundo, se trata de un proceso de "nueva diplomacia" que se lleva a cabo fuera de los foros multilaterales tradicionales de desarme, y que comparte ciertas características con el proceso de Ottawa. Como sucedió en relación con las minas, el objetivo es complejo ya que se trata de situar un problema humanitario en la agenda de la seguridad internacional.

Dada la lentitud y burocracia de las negociaciones en el marco de la CCW, el Gobierno noruego decidió liderar un proceso llevado a cabo fuera de ese marco. La iniciativa contó con el apoyo de ONG de todo el mundo, agrupadas en la Coalición contra las Bombas de Racimo (CMC, por sus siglas en inglés).

En febrero de 2007 se llevó a cabo la primera conferencia, en Oslo, donde 49 Gobiernos se reunieron para debatir sobre el problema. La declaración final, firmada por 46 países, fue un importante paso adelante a pesar de que todavía era un texto ambiguo y sujeto a interpretaciones. En él se afirmaba que el objetivo del proceso es "prohibir las bombas de racimo que causan daños inaceptables a los civiles" (decidir cuáles eran esas bombas sería parte del proceso), que las negociaciones se llevarían a cabo de forma paralela a las de la CCW, y que el proceso debería culminar en 2008 con una prohibición internacional.

El contenido del texto y el número de países firmantes superó todas las expectativas de la sociedad civil e hizo que por primera vez se viera como posible la consecución de un Tratado en el año 2008. Además hubo otras cuestiones esperanzadoras. Algunos países se mostraron

ISBN: 978-84-9830-221-9, 2009, Bilbao

partidarios de fortalecer el texto en futuras conferencias, y otros incluso se ofrecieron para organizarlas. El resultado fue un calendario claro.

Los siguientes pasos fueron la conferencia de Lima (Perú) en mayo, la de Viena (Austria) en diciembre, y la de Wellington (Nueva Zelanda) en febrero de 2008. Con un número cada vez mayor de países participantes y el acompañamiento permanente de la sociedad civil, se fueron definiendo las principales cuestiones y muchos más países fueron fijando sus posiciones.

El papel de la sociedad civil

La CMC se creó en La Haya en noviembre de 2003, e inicialmente su principal objetivo era involucrar a los Estados para que asumieran una mayor responsabilidad en cuanto a los restos explosivos de guerra, especialmente, pero no sólo, los de las municiones de racimo. Sin embargo, como consecuencia de la adopción del Protocolo V de la CCW su planteamiento comenzó a cambiar, para centrarse en las consecuencias de las bombas de racimo, tanto durante como después de los conflictos.

En los primeros años de la campaña se podían identificar varias perspectivas diferentes con relación a estas armas, que podrían resumirse en prohibirlas o definir unos requisitos muy estrictos para su utilización. Algunas organizaciones eran más partidarias de una moratoria, con el fin de obtener tiempo para establecer ciertos límites a estos tipos de armas (restringir el uso de ciertos tipos de ellas, límites a su uso en zonas civiles...). Otras, especialmente las que trabajaban en el terreno, argumentaban que sólo la prohibición total solucionaría el problema y que esto no se lograría con simples restricciones. Otras proponían prohibir ciertos tipos de armas. Los límites entre las diferentes posturas, sin embargo, no siempre estaban claros.

Las discrepancias quedaron zanjadas a partir del éxito de la campaña para la prohibición en Bélgica, que logró su objetivo, y a partir del año 2006 el objetivo claro y común fue la prohibición. El mensaje se unificó y, tras el comienzo del Proceso de Oslo, la CMC ha desarrollado una estrategia en todo el mundo basada en la sensibilización, la concienciación y la presión política coordinada para lograr involucrar a los distintos Gobiernos en el proceso.

Actualmente la CMC está formada por más de 250 organizaciones de la sociedad civil de todo el mundo, lo que incluye países productores, países que poseen bombas de racimo, países donde se han utilizado...[30] Hay

---

30 Para más información sobre sus miembros, actividades, objetivos, etc. visitar su página web: www.stopclustermunitions.org

ISBN: 978-84-9830-221-9, 2009, Bilbao

organizaciones que trabajan en paz y desarme, derechos humanos, asistencia a las víctimas, limpieza y desminado, derechos de las mujeres y los niños, etc. El objetivo último es proteger a los civiles de los efectos de las bombas de racimo, mediante varias líneas de trabajo: promover una adhesión universal al Tratado y al acuerdo internacional contra la fabricación, uso, almacenamiento y venta de bombas de racimo; promover el mayor número de firmas y ratificaciones del Tratado para asegurar su rápida entrada en vigor; monitorizar el cumplimiento del Tratado por los Estados partes, y promover la sensibilización social sobre los daños que causan las bombas de racimo a los civiles.

En el Proceso de Oslo se ha involucrado también de forma muy activa la Campaña contra las Minas (ICBL), que por primera vez participa en un asunto distinto a aquél que le dio origen. Otro apoyo importante ha sido el Comité Internacional de la Cruz Roja (CICR), organización independiente y neutral cuya participación es especialmente relevante porque es el garante del DIH, y porque en escasas ocasiones ha expresado un apoyo claro a una campaña de este tipo. Diversas agencias y organismos de la ONU también han participado y expresado también su apoyo.

La CMC y sus organizaciones miembros han participado en las diversas conferencias del Proceso de Oslo y han coordinado sus actividades por todo el mundo para lograr un éxito final. Cada una con su propia historia y mandato, y con flexibilidad para establecer calendarios y actividades a nivel nacional, pero con un objetivo común. Así, se han celebrado movilizaciones, se han recogido firmas en apoyo de la prohibición, se han difundido vídeos y documentos de sensibilización, etc. Un punto importante fue la presión política a cada Gobierno, para que participase de forma activa en el proceso y respaldase una prohibición lo más estricta posible.

Un factor que ha hecho posible esta gran implicación de la sociedad civil es la propia naturaleza del Proceso: una negociación abierta y flexible, que da grandes márgenes de participación. Durante las diversas conferencias del proceso las delegaciones gubernamentales y no gubernamentales han compartido prácticamente los mismos espacios, y esto ofrecía grandes oportunidades para el contacto directo, para transmitir los mensajes y para ejercer presión política. Además, la falta de secreto en las negociaciones permitía conocer en cada momento las posturas de los distintos países, así como sus avances y retrocesos. Esto fue fundamental para la coordinación de mensajes y para decidir, en cada jornada, cuáles debían ser los argumentos políticos a utilizar y cuáles los puntos esenciales sobre los que presionar.

En España, Greenpeace comenzó en el año 2006 a trabajar la cuestión de las bombas de racimo. Junto a esta organización trabajaban otras, agrupadas en la CMC Barcelona (Fundació per la Pau, Justicia i Pau, Comisión Catalana de Ayuda al Refugiado y Moviment per la Pau). La campaña combinó la edición de materiales de difusión y sensibilización, como informes y folletos, una exposición fotográfica sobre los efectos de las bombas de racimo, un ciclo de cine y conferencias, etc. Junto a esto se desarrolló un activo trabajo de *lobby*, dirigido a las instituciones gubernamentales, el Parlamento y las empresas involucradas, y que se llevó a cabo mediante reuniones personales, ciberacciones, etc. También se utilizaron las acciones[31] contra las dos empresas que en España fabrican bombas de racimo, en las que se les reclamó el cese de esa fabricación. Y, por supuesto, se realizó un intensivo trabajo parlamentario, en el que fue clave (como lo había sido en la Ley de comercio de armas) el apoyo de varios diputados y senadores conscientes del peligro que representan estas armas y partidarios de regulaciones estrictas.

12. **Los principales debates durante la negociación: argumentos y contra-argumentos**

La interoperabilidad

Algunos Estados expresaron su preocupación porque el borrador del Tratado (y especialmente la prohibición de asistencia a otros países en estas materias) podría poner en peligro sus operaciones militares conjuntas con Estados no partes del Tratado y que utilicen bombas de racimo. Esta preocupación se refería principalmente a las operaciones militares realizadas con EE UU, que ya anunció que no sería ni ahora ni el futuro parte del Tratado. Entre los países que más énfasis pusieron en esta cuestión estaban Australia, Canadá, Francia, Dinamarca, Alemania, Japón, Holanda y el Reino Unido.

Ante este argumento, la sociedad civil señaló que el objetivo clave del Tratado es la estigmatización de las bombas de racimo, y no legitimar su uso. Sólo así se conseguirá en el futuro reducir los daños humanitarios que causa este tipo de armas. Por eso, los Estados que firmen el Tratado deben rechazar la idea de que pueden colaborar con Estados que sí las usen.

Incluir este concepto de prohibición de asistencia en el Tratado tiene la finalidad de estigmatizar estas armas y mostrar a los Estados no parte que sus aliados no apoyan el uso de municiones de racimo. Por el

[31] La acción directa no violenta es un rasgo distintivo de Greenpeace. Se pueden ver imágenes de estas acciones en www.greenpeace.es

ISBN: 978-84-9830-221-9, 2009, Bilbao

contrario, eliminar o diluir este apartado es una forma de legitimar el uso de estas armas ya que sugiere que los Estados parte no se preocupan por el hecho de que otros las usen. Todo uso, por parte de quien sea, debe ser rechazado y condenado. Este principio ya forma parte de varios Tratados anteriores, como el de las minas antipersonales, el de armas químicas, el de no proliferación nuclear, etc.

Por otra parte, todos los Gobiernos tienen técnicos y expertos legales que se encargan de conciliar los diferentes marcos legales de los distintos países en una amplia gama de asuntos que van de las operaciones militares conjuntas a los derechos humanos o la política medioambiental. Por ello, deberían estar también preparados para hacer lo mismo con respecto a las bombas de racimo.

La experiencia acumulada en más de 10 años de prohibición de las minas antipersonales muestra que esto es posible. En el Tratado de minas, la cuestión de la interoperabilidad se abordó de dos formas. Por un lado, numerosos Estados parte tienen normas y leyes que abordan al cuestión de la responsabilidad penal potencial de un soldado que participe, sin saberlo, en una operación conjunta donde se usen minas. Por otro, ha habido amplias discusiones sobre qué significa exactamente la prohibición de asistencia, y qué actos están prohibidos y cuáles permitidos.

En general, y aunque de manera informal y tácita, hay un acuerdo en que los Estados parte del Tratado contra las minas no participarán en planificaciones que incluyan el uso de estas armas, no acordarán "reglas de enfrentamiento" que permitan su uso, no aceptarán las órdenes de usarlas ni pedirán a otros que lo hagan, etc. Por ejemplo, actualmente, y aunque EE UU forma parte de ella, la Misión Internacional de Asistencia a la Seguridad (ISAF) tiene una política de no usar bombas de racimo en Afganistán.

La prohibición de asistencia se basaría en la premisa, común a muchos sistemas de derecho penal, de que si un acto determinado constituye un delito penal, la colaboración para llevarlo a cabo también lo es. No prohibir la asistencia sería, por ello, un importante retroceso.

Los periodos de transición

Algunos Estados reclamaban periodos de transición para la entrada en vigor del Tratado, con el argumento de que necesitaban tiempo para reemplazar las bombas de racimo por otro armamento que pudiera suplir su utilidad militar. Durante ese tiempo, todavía podrían usar las bombas de racimo disponibles. Defendieron este argumento Dinamarca, Francia, Alemania, Reino Unido, Japón y Suiza.

ISBN: 978-84-9830-221-9, 2009, Bilbao

La sociedad civil argumentó, por el contrario, que permitir esos periodos de transición minaría la legitimidad y los propósitos del Tratado, al permitir la existencia de dos tipos de Estados: unos que aplican de inmediato la prohibición, y otros que no lo hacen hasta pasado un tiempo. Esto generaría confusión y restaría credibilidad al Tratado, además de fuerza normativa.

Las prohibiciones internacionales más efectivas sobre ciertas armas son aquéllas que no han previsto la existencia de periodos de transición. De hecho, el Protocolo II de la *Convención sobre ciertas armas convencionales* sí tiene un periodo de transición, y éste ha sido considerado uno de los factores clave de la irrelevancia de esta norma legal: la falta de claridad sobre qué Estados se han acogido al periodo de transición y sobre qué pasos han dado para poner en marcha la norma.

Por último, desde la sociedad civil se consideraba que si un Estado quiere seguir utilizando bombas de racimo, pese a su impacto sobre las poblaciones civiles, es que todavía no está preparado para ser parte del Tratado. En lugar de firmarlo y pedir un periodo de transición, lo que debería hacer es tomar las medidas adecuadas y firmarlo más tarde.

El número de submuniciones

Algunos países alegaron que las bombas con un número limitado de submuniciones no deberían ser clasificadas como bombas de racimo, y por tanto no deberían ser prohibidas por el futuro Tratado. Las excepciones basadas en el número de submuniciones fueron defendidas por Australia, Canadá, Finlandia, Francia, Alemania y el Reino Unido, entre otros. Francia y el Reino Unido sugerían una excepción total para sistemas con menos de 10 submuniciones.

Por el contrario, para la sociedad civil, esta propuesta de excepción no se basaba en razones técnicas o humanitarias, sino en que estos Estados querían mantener ciertos tipos de bombas de racimo que son lanzadas por helicópteros y que forman parte de sus arsenales. El número de lanzadores que tiene cada helicóptero hace que cada uno pueda lanzar casi 700 submuniciones al mismo tiempo. Incluso en condiciones de prueba, la tasa de error es superior al 6% (y es muy superior a esto en condiciones de combate). Es decir, que con sólo un helicóptero es posible saturar una gran superficie con municiones de racimo, en muy poco tiempo. Esto es precisamente lo que se busca prohibir con el Tratado.

Por tanto, incluso con un número reducido de submuniciones, permitir esta excepción haría que en el futuro numerosas fuerzas armadas sigan haciendo lo mismo que en el pasado: usar cientos de bombas

ISBN: 978-84-9830-221-9, 2009, Bilbao

(cada una con 9 submuniciones o menos) para saturar grandes territorios, y dejar gran número de municiones sin explotar amenazando a los civiles.

Los mecanismos de auto-destrucción

Otra de las argumentaciones utilizadas por varios Estados es que el Tratado no debería prohibir aquellas armas que tienen mecanismos de auto-destrucción. Con los actuales avances técnicos, aseguraban, se pueden conseguir que esos mecanismos sean muy eficaces y que no más del 1-2% de las submuniciones queden sin estallar.

La sociedad civil argumentaba, por el contrario, que la experiencia ha mostrado en todas partes que la efectividad de esos mecanismos es mucho menor de lo que se asegura, y que fallan mucho más. Por ejemplo las bombas de racimo M 85, de fabricación israelí, y que tienen uno de los mecanismos de auto-destrucción más fiables, no lograron eliminar los daños inaceptables a las prohibiciones civiles. En Líbano, en 2006, la tasa de error de esos mecanismos fue muy superior al 1% que aseguran los fabricantes, y la contaminación con restos explosivos tras los bombardeos y en el posconflicto ha continuado generando víctimas hasta hoy.

Según un estudio técnico realizado por la principal institución noruega de investigación en cuestiones de defensa, junto con varias ONG, la M85 mostró unas tasas de error mucho más altas de las que se reconocen o afirman sus fabricantes.[32] Esto es especialmente grave, porque este modelo era considerado el estándar más alto de calidad en cuanto a mecanismos de auto-destrucción, es decir, la tecnología más fiable disponible. El análisis señala que esto ha ocurrido a pesar de que las condiciones militares en este conflicto eran "favorables" para esa fiabilidad. Pero en otros contextos, donde se usen armas con mayor antigüedad, con malas condiciones de almacenamiento, o se usen por soldados indisciplinados y poco formados, los resultados pueden ser incluso peores.

Las tasas que se logran en condiciones de laboratorio son muy diferentes a las que se dan en combate, cuando numerosos factores externos influyen en la eficacia de estos mecanismos (las condiciones climáticas, el tipo de suelo, el estrés del combate...). Pero además, si el Tra-

[32] VV AA, *M 85. An analysis of reliability,* C King Associates Ltd, Norwegian Defence Research Establishment, Norwegian People's Aid, Oslo, 2007.

ISBN: 978-84-9830-221-9, 2009, Bilbao

tado permite a los militares creer que, con estos mecanismos, estas armas son seguras y legítimas, esto podría dar lugar a un uso todavía más amplio en el futuro, incluso en áreas habitadas. Por otro lado, estas armas se usan en cantidades tan enormes que incluso con tasas de error bajas, la contaminación sería inmensa. Por ejemplo, dada la cantidad de bombas de racimo que se usaron en la primera Guerra del Golfo, en 1991, incluso con una tasa de error del 1% hubieran quedado dispersas 500.000 municiones sin explotar.

Por último ningún mecanismo de auto-destrucción, por eficaz que sea, hace nada para evitar los efectos indiscriminados de estas armas durante los bombardeos, debido a sus efectos de saturación de área.

Para ser creíble, una prohibición basada en estas condiciones debería ir acompañada de una definición muy detallada de los criterios usados en los test, de condiciones de transparencia, y de mecanismos de verificación y monitoreo independientes y externos (algo que sería difícil o imposible de conseguir). Por último, esto permitiría a muchos Estados negarse a firmar el Tratado con el argumento de que permite a los Estados más ricos mantener sus sistemas de armas, más "seguras", mientras que niega esa posibilidad a los países pobres.

Armas de "fuego directo"

No hay una definición exacta y clara de lo que son las armas de "fuego directo", pero en general se considera que son aquéllas en las que hay una visión directa sobre el objetivo, y en las que el proyectil tiene una trayectoria bien definida. Algunos países argumentaban que con estas condiciones se eliminan los peores efectos de las bombas de racimo durante los bombardeos y en el posconflicto. Reino Unido, Alemania, Holanda y Francia pedían una excepción para estos tipos de armas.

Estas peticiones tenían, sin embargo, varias debilidades. En primer lugar, las características de "fuego directo" son irrelevantes en relación con los daños humanitarios que causan las bombas de racimo. La capacidad de avistar de forma directa el objetivo no evita que queden restos explosivos sin estallar, ni los efectos de saturación de área que son los que precisamente definen a estas armas. Además, no hay una definición clara de lo que es el "fuego directo", y hay armas que pueden ser usadas de esta forma y también como "fuego indirecto".

Permitir este tipo de armas significaría que, si en el momento del ataque se puede ver el objetivo, se podrían usar contra él grandes cantidades de municiones de racimo, que saturan un área muy amplia y quedan dispersas y sin estallar por grandes territorios. Esto quitaría todo su sentido al Tratado.

Detectores de calor y otros avances técnicos

Ciertos Estados pretendían una excepción al Tratado para aquellas armas equipadas con mecanismos de detección que permitan identificar un objetivo como un vehículo en el suelo. Se trataría de mecanismos de infrarrojos y láser que permiten la detección de puntos de calor dentro de un área. El efecto explosivo estaría así, según se argumentaba, mucho más concentrado que si un arma estalla contra el suelo y se fragmenta después.

Desde la sociedad civil se argumentaba que estos argumentos sólo expresan una gran fe, sin fundamento, en tecnologías de las que se sabe poco. Hay muy pocas armas que tengan todas estas características, y la mayoría no han sido usadas en combate, por lo que existen pocas o ninguna prueba de que vayan a ser más seguras para los civiles. Incluso aunque fueran capaces de detectar un objetivo dentro de un área, no pueden distinguir si es un objetivo militar o civil: golpearán a cualquier fuente de calor que tengan ciertas características definidas, sea civil o militar.

La responsabilidad de la limpieza y remoción de explosivos

Algunos Estados trataron de que se eliminaran del Tratado las referencias a la responsabilidad que tienen aquéllos que han usado bombas de racimo, de proporcionar asistencia en la limpieza y remoción de los restos explosivos. Por el contrario, los países afectados y que sufren el problema fueron los más firmes defensores de mantener estas referencias.

Hay numerosos precedentes y argumentos legales para defender esto. Por un lado, la inmensa mayoría de la legislación relativa al medio ambiente, en todo el mundo, establece que los responsables de la contaminación deben hacerse cargo de la limpieza: "quien contamina, paga". En el caso de las bombas de racimo, en numerosos lugares donde se usaron en el pasado siguen causando daños a los civiles actualmente por lo que, aunque fueran usadas antes de la existencia del Tratado, las responsabilidades continúan hasta el día de hoy. Además, esto es una extensión de las obligaciones que impone a los Estados el Protocolo V de la CCW sobre restos explosivos de guerra. El Protocolo establece que los Estados que los utilicen son responsables de asistir en la limpieza de esos restos.

El Tratado tiene objetivos humanitarios, y para que puedan lograrse, es preciso que los restos explosivos de las bombas de racimo sean limpiados tan pronto como sea posible. Quienes las han usado deben tener una responsabilidad especial en esta materia.

La entrada en vigor

Una parte significativa de las discusiones se centró en el número de firmas necesarias para que el Tratado entre en vigor, con un número de países como Francia, Reino Unido o Alemania tratando de que aumentar el número de firmas necesario. Su argumento era que, cuantos más países formen parte del Tratado en el momento en que entre en vigor, mayor será su fuerza política y moral.

Desde la sociedad civil, por el contrario, se argumentaba que el Tratado debe entrar en vigor lo antes posible, ya que esto contribuiría de forma muy importante a la estigmatización de estas armas y animaría a más Estados a sumarse. Además, cuanto antes entre en vigor, antes se pondrán en marcha las medidas concretas que incluye (como las obligaciones de limpieza, asistencia a las comunidades afectadas, destrucción de arsenales, etc.). Todo ello contribuirá a salvar vidas. Aumentar el número de firmas y ratificaciones necesarias para que entre en vigor significa, de hecho, establecer un periodo de transición, lo que va en contra de los objetivos buscados.

Éste es un Tratado de carácter humanitario y la tradición muestra que en estos casos, que se refieren a la conducción de hostilidades y la protección de los civiles, se requiere un número muy bajo de ratificaciones. Los convenios de Ginebra de 1949 y sus Protocolos Adicionales de 1977 sólo necesitaron dos firmas. La CCW necesitó 20 ratificaciones, al igual que todos sus protocolos. Y lo mismo ha ocurrido con los Tratados sobre derechos humanos (Convención sobre el genocidio, Convención contra la tortura, Convención sobre los derechos del niño, etc.).

La presencia de los mayores productores

Durante las negociaciones se utilizó el argumento de que el Tratado tendrá poco valor y eficacia si no forman parte de él algunos de los mayores productores, como EE UU, Rusia, China, Pakistán, Israel, etc. En este sentido, se afirmaba que era necesario "suavizar" el contenido del texto para que estos países pudieran sumarse al mismo, ya que de lo contrario su impacto humanitario global será mucho menor de lo deseado. Otros, como Brasil, argumentaban que este asunto debía discutirse en el marco de la CCW, ya que negociarlo fuera del marco formal de Naciones Unidas le quita al texto la necesaria legitimidad.

Estos argumentos ignoran el poder que tienen los instrumentos internacionales a la hora de influir en las prácticas y comportamientos de los Estados, incluso de aquéllos que no forman parte de ellos. La pro-

ISBN: 978-84-9830-221-9, 2009, Bilbao

hibición de las minas antipersonales es el ejemplo más claro.[33] El uso, fabricación y transferencia de minas prácticamente han cesado en todo el mundo, incluso por parte de países como los antes mencionados, que no han firmado el Tratado de Ottawa. Además, desde finales de 2007 prácticamente todos los mayores productores de bombas de racimo han participado de una forma u otra en el Proceso de Oslo y, más importante aún, lo han hecho los países más afectados.

13. **La Conferencia de Dublín**

El paso final de la negociación fue la Conferencia Diplomática de Dublín, que se celebró del 19 al 30 de mayo de 2007 y de donde debía salir el texto del futuro Tratado. En ella participaron más de 700 delegados, que representaban a 109 Estados parte del proceso, 19 Estados observadores, la sociedad civil agrupada en la CMC, agencias de la ONU, el CICR, etc. El Secretario General de la ONU, Ban Ki-Moon, la inauguró con un discurso televisado donde llamó a lograr un Tratado global y visionario. No estaban presentes algunos de los mayores países productores que sin embargo, como en el caso de EE UU, ejercieron desde la distancia una importante presión dirigida a desvirtuar los resultados.

Las negociaciones fueron complejas y difíciles e incluyeron intensas consultas, lideradas por la presidencia irlandesa y el "grupo de amigos" del presidente (principalmente delegados de los países que antes habían organizado conferencias, como Perú, Austria, Noruega y Nueva Zelanda). Éstos coordinaban las conversaciones sobre los distintos artículos del Tratado y trataron, en todo momento, de adoptar por consenso el texto final.

Al igual que en las conferencias anteriores, las ONG participaron activamente en la negociación, con varios de sus miembros presentes permanentemente en los debates y un gran esfuerzo de coordinación de mensajes y de trabajo de *lobby*, para seguir punto a punto e influir en la negociación de cada artículo.

Un buen número de países (entre ellos los latinoamericanos, africanos, asiáticos, algunos europeos y, muy importante, muchos países afectados por este armamento) eran partidarios de las condiciones más restrictivas posibles, mientras otros trabajaron hasta el último momento para rebajar el contenido. Un importante punto de inflexión se produjo

[33] Aunque hay otros, como las armas químicas y biológicas, que son abordadas en un apartado posterior.

ISBN: 978-84-9830-221-9, 2009, Bilbao

el día 28, cuando el Reino Unido cambió su posición y se mostró dispuesto a sumarse al Tratado e, incluso, a adoptar medidas unilaterales previas a la entrada en vigor de éste. En realidad, su estrategia fue formular objeciones en los primeros momentos para luego sumarse al consenso, con lo que arrastró a un buen número de países que de lo contrario quizá hubieran seguido siendo reticentes.[34]

El día 29, la presidencia presentó un texto cerrado, como un "paquete" a aprobar o rechazar en su conjunto y que, tras intensas negociaciones, logró finalmente el consenso de todos los asistentes. El día 30, los delegados de los 109 países presentes aprobaron por consenso el texto del Tratado. Se trata de un texto de compromiso que, sin embargo, satisface la inmensa mayoría de las expectativas de la sociedad civil.

El contenido del texto

El texto fue calificado por la sociedad civil como un hito histórico. No es frecuente lograr en un plazo tan breve un Tratado sobre desarme y, mucho menos, la prohibición total de un tipo de armamento. En este caso, se trata un texto categórico que a partir de su entrada en vigor hará ilegales la fabricación, uso, venta y almacenamiento de bombas de racimo. Esto significa que todos los tipos de bombas de racimo que se han usado en Laos o Camboya, Kosovo, Irak, Afganistán o Líbano, entre otros lugares, quedarán prohibidas.

No se aprobaron periodos de transición, y sólo hará falta la firma y ratificación de 30 países para su entrada en vigor. Esto puede lograrse muy pronto. Tampoco existe la posibilidad de que algún país exprese reservas sobre alguna parte de su contenido, ya que el texto lo prohíbe de manera expresa.

El Tratado establece medidas y plazos de destrucción de arsenales: debe ser lo antes posible, y nunca después de ocho años a partir de su ratificación. Cualquier retraso debe ser justificado con información exhaustiva ante Naciones Unidas.

El apartado de asistencia a las víctimas y supervivientes, que era uno de los puntos débiles del Tratado contra las minas, sale en esta ocasión reforzado. Se establece la obligación de prestar asistencia médica, rehabilitación y apoyo psicológico, y de tener en cuenta las consideraciones de sexo y edad. Cada Estado parte debe desarrollar para ello un plan

---

[34] Javier Alcalde, "Acuerdo en la Conferencia Diplomática de Dublín sobre bombas de racimo", ARI Nº 65, Real Instituto Elcano, 23 de junio de 2008.

ISBN: 978-84-9830-221-9, 2009, Bilbao

nacional, calendarios y presupuesto, así como recabar si es necesario apoyo internacional.

Los Estados parte contraen obligaciones claras en materia de cooperación y asistencia internacional hacia las víctimas y los países afectados. Esta ayuda puede ser bilateral o canalizada a través del sistema de la ONU, o a través de organizaciones regionales, nacionales o internacionales.

Quizá uno de los apartados más ambiciosos es el que se refiere a las medidas de transparencia. Cada Estado miembro debe, en un plazo de 180 días desde la ratificación, entregar un informe de situación al Secretario General de la ONU. En el mismo se debe detallar el número de bombas de racimo que posee, tipos y características técnicas; los programas de reconversión y desmantelamiento de instalaciones y fábricas; los progresos realizados en la destrucción, etc. Este informe debe ser actualizado anualmente.

Sólo en dos apartados no se pudieron lograr todos los objetivos que buscaba la sociedad civil aunque, en ambos casos, se trata de cuestiones menores que pueden subsanarse en el futuro. Una de ellas afecta al apartado de definiciones, concretamente el punto 2c, que establece varias condiciones para que un arma no sea considerada como arma de racimo: "Una munición que, a fin de evitar los efectos zonales indiscriminados, así como los riesgos que entrañan las submuniciones sin estallar, reúne todas las características siguientes: cada munición contiene menos de 10 submuniciones explosivas, cada submunición explosiva pesa más de 4 kgs, cada submunición explosiva está diseñada para detectar y atacar un objeto que constituya un blanco único, cada submunición explosiva está equipada con un mecanismo de autodestrucción electrónico, y cada submunición explosiva está equipada con un dispositivo de auto desactivación electrónico".

Aunque la sociedad civil presionó hasta el último momento para eliminar este apartado, lo cierto es que afecta a unos sistemas de armas muy específicos y poco frecuentes que, además, no tienen efectos de saturación de área (característica principal de las bombas de racimo). Además, se han previsto conferencias de revisión cada cinco años por lo que, si se demuestra en el futuro que tienen efectos negativos, sería posible revisar la norma para revisar esta excepción.

El otro apartado más problemático, donde no se pudieron lograr avances, es la interoperabilidad. Es decir, que un Estado parte podría, en teoría, participar en maniobras conjuntas con un Estado no parte que utilice bombas de racimo en las mismas. Es difícil, sin embargo, que esto tenga un efecto real en el futuro, ya que las condiciones y garantías que serían necesarias para esa participación las hace en la práctica altamente inviables.

ISBN: 978-84-9830-221-9, 2009, Bilbao

La sociedad civil valoró el Tratado como un hito histórico, en realidad el paso más importante que ha dado la comunidad internacional en materia de desarme en más de una década. En el ámbito legal sentará jurisprudencia en el Derecho Internacional y el DIH en muchos aspectos, entre ellos el de la obligación de asistencia a víctimas y supervivientes. Pero, además, aspira a tener efectos mucho más amplios que los que se derivan del propio texto. Si atendemos a lo que ha ocurrido con el Tratado de Ottawa, se ha convertido en una especie de norma de derecho consuetudinario internacional y ha afectado incluso al comportamiento de países que no lo han firmado.

El Tratado contra las bombas de racimo puede tener un efecto normativo aún más fuerte, si se atiende al elevadísimo grado de consenso con el que fue aprobado, por más de 100 países. Éste es un punto de partida que garantiza una rápida y amplia aceptación. Lo que espera la sociedad civil es que no sólo signifique una prohibición, sino la estigmatización de este tipo de armas, para que llegue a condicionar el comportamiento de todos los Estados, no sólo de los firmantes.

En el caso de España, el Gobierno, que era inicialmente reticente a establecer una prohibición tan clara, se sumó finalmente al consenso y adoptó el texto del Tratado. Aún más, pocos meses después de la conferencia de Dublín anunció que no esperaría a que el Tratado entre en vigor, y que adoptaría de forma inmediata medidas unilaterales, como iniciar la destrucción de los arsenales.

14. **La influencia normativa: ejemplos del pasado**

Hay numerosos precedentes de tratados y convenios que limitan los medios con que se puede librar una guerra. Estos precedentes también muestran cómo las normas pueden tener una función de establecimiento de estándares éticos, y un poder normativo que va más allá de su mero contenido y de los países que las firmen de manera oficial. Demostrar esto es importante porque deja sin argumentos a aquéllos que, durante la negociación de cualquier tratado (también de forma notable el de bombas de racimo) afirman que hay que debilitar los textos para que los principales países productores se sumen a los mismos. Esto supondría excepciones para ciertos tipos de armas, periodos de aplicación menos urgentes, o reglas más tolerantes.

Por el contrario, lo que se ha demostrado en el pasado es lo contrario: para que una prohibición sea eficaz, debe ser tan clara que logre estigmatizar el tipo de arma de que se trate. Si esto se consigue, la norma internacional tiene un impacto que va más allá de los Estados que oficialmente se declaran parte de la misma, y también más allá de las

ISBN: 978-84-9830-221-9, 2009, Bilbao

restricciones formales que impone el texto. Se trata, en definitiva, y como se ha demostrado en los últimos años, de que la conducta de los Estados puede ser influenciada a través del establecimiento de normas sobre lo que es un "comportamiento aceptable".[35] Esto es lo que se espera también de este Tratado.

El caso de las minas antipersonales

El Proceso de Oslo para la prohibición de las bombas de racimo puede compararse en muchos aspectos con el que, hace una década, llevó a prohibir las minas antipersonales. Ambos tipos de armas generan problemas humanitarios similares, y ambos procesos son modelos de estrecha colaboración entre ciertos Estados y miembros de la sociedad civil internacional. Además, los dos procesos se lanzaron en respuesta a la parálisis de las negociaciones en el marco de la CCW.

El Tratado de Ottawa de 1997 prohíbe el uso, desarrollo, producción, compra, almacenamiento y transferencia de todas las minas antipersonales. Se trata de una prohibición amplia y bastante completa. A mediados de 2008, más de 150 Estados ya eran parte de este Tratado.

No están, sin embargo, algunos de los principales productores como EE UU, Rusia, China, India, Pakistán o Israel. Su argumento es que necesitan estas armas porque son militarmente efectivas y porque sus efectos humanitarios pueden evitarse o reducirse tomando medidas de precaución adecuadas. Algunos afirman que el hecho de que estos Gobiernos no estén ha minado la eficacia del Tratado.

Sin embargo, puede argumentarse en sentido contrario que muchos de esos Estados que no han firmado el Tratado están respetando, en la práctica, sus prohibiciones de transferencia, producción y uso. Por ejemplo, EE UU no ha usado minas antipersonales desde 1991, no las ha exportado desde 1992 y no las produce desde 1997. Otros países, como Sri Lanka y Marruecos, que tampoco han firmado, sin embargo han informado sobre la evolución de sus arsenales en el marco de los mecanismos previstos por el Tratado. Las ventas, por su parte, han caído en picado, y 13 Estados no signatarios han decretado moratorias sobre su comercio.

Esto se debe a la estigmatización que se ha generado sobre este tipo de arma, y al constante monitoreo que lleva a cabo la sociedad civil sobre el cumplimiento del Tratado. En este sentido puede afirmarse que

[35] Ver Brian Rappert, *A convention beyond the Convention. Stigma, humanitarian standards and the Oslo Process,* Landmine Action, Londres, 2008.

ISBN: 978-84-9830-221-9, 2009, Bilbao

una de las razones para este comportamiento es que incluso los Estados no firmantes desean ser aceptados como miembros respetables de la comunidad internacional.

El caso de las armas químicas

Las armas químicas proporcionan un importante ejemplo de cómo ciertas armas pueden quedar estigmatizadas hasta el punto de que muy pocos, o nadie, las consideran medios de fuerza apropiados para usar en escenarios reales. Aunque algunos países han desarrollado en el siglo XX programas ofensivos, la realidad es que su uso ha sido muy limitado y que siempre ha generado fuertes controversias. Actualmente ningún país en el mundo declara tener un programa ofensivo de armas químicas. Esta situación se deriva, en parte, de la identificación de las armas químicas con los venenos.

La prohibición formal de las armas químicas se produjo en la Conferencia de La Haya en 1899. Este instrumento no fue suficiente para evitar su uso durante la I Guerra Mundial, cuando las fuerzas alemanas utilizaron clorina en Francia y posteriormente en otros lugares. Sin embargo, su uso fue problemático y generó fuerte polémica, y un rechazo importante incluso entre la mayoría de los mandos militares de los países occidentales, aparte del rechazo generalizado entre la población.

Los argumentos de quienes rechazaban su uso se basaban en calificar a estas armas como inhumanas, por sus efectos indiscriminados. Quienes las defendían, por su parte, aseguraban que causaban menos víctimas que otros tipos de armas y que eran tan destructivas que podían garantizar la victoria absoluta (es decir, que tenían una importante utilidad militar). Estos argumentos fueron debatidos en la Conferencia de Paz de París y en Washington, entre 1921 y 1922. En 1925 se firmó el *Protocolo para la prohibición del uso de gases venenosos, asfixiantes y otros durante la guerra*, así como de los métodos bacteriológicos. En esencia, éste fue un compromiso implícito de "*no-first-use*", donde cada Estado parte se comprometía a no hacer uso de ellas si no era atacado previamente.

Aunque hubo fuertes discrepancias y debates sobre el alcance real de esa prohibición, lo cierto es que en la II Guerra Mundial no fueron un arma relevante (sólo las utilizó Japón en China), y muy pocos países hicieron ni siquiera planes para su uso. El Reino Unido, por ejemplo, lo planteó sólo en caso de una invasión alemana que incluyera el uso de gas mostaza.

El estigma que pesaba sobre estas armas fue reforzado por los amplios temores que suscitaban en la opinión pública, y jugó un impor-

ISBN: 978-84-9830-221-9, 2009, Bilbao

tante papel en las percepciones que los Gobiernos y Fuerzas Armadas tenían acerca de su utilidad y aceptabilidad. Esto supuso que, incluso en medio de la guerra total que fue la II Guerra Mundial, fueron identificadas y tratadas como armas distintas y más peligrosas. Todo esto también se relaciona con cuestiones como la identidad de los Estados y qué significaba ser un "país civilizado": se consideraron como armas categóricamente inaceptables para su uso por un país moderno. En los años setenta EE UU ratificó el Protocolo, después de ser acusado de violar el derecho consuetudinario internacional por el lanzamiento de gas, napalm y herbicidas en Vietnam.

La Convención de Armas Químicas de 1993, que tiene actualmente 183 Estados miembros, lleva aún más lejos la prohibición. El texto establece que aquellos países que produzcan, utilicen, posean o sean sospechosos de poseer estas armas pueden recibir una respuesta contundente de la comunidad internacional.

El caso de las armas biológicas

La estigmatización de las armas biológicas corre paralela en la historia a la de las armas químicas. Durante el siglo XX, y aunque varios países trataron de desarrollar programas ofensivos, lo cierto es que el uso e incluso la preparación para la guerra biológica fue bastante limitado. Durante la I Guerra Mundial, sólo Alemania adoptó pasos serios para utilizar el cada vez mayor conocimiento sobre las enfermedades infecciosas como un medio de guerra. Durante la II Guerra Mundial, muy pocos países hicieron preparativos para utilizar estas armas.

El temor y descontento sobre estas armas fueron clave a la hora de determinar su aceptabilidad moral y las percepciones sobre su utilidad militar. Ese rechazo condicionó los fondos disponibles para desarrollar nuevos programas, los cálculos sobre su utilidad militar y las consecuencias políticas que podía tener su uso. En 1972, la *Convención sobre armas biológicas y tóxicas* las prohibió. La Convención no tuvo un efecto inmediato y, hasta la década de los noventa, la URSS mantuvo su programa ofensivo. Sin embargo, actualmente ningún país en el mundo declara tenerlo. Estas armas, en pocas palabras, se han convertido en tabú.

El caso de las armas nucleares

Las armas nucleares son el caso más arquetípico de lo que se considera armas no convencionales. Esto no sucedía, todavía, durante la II Guerra Mundial, cuando se utilizaron contra las ciudades japonesas de

ISBN: 978-84-9830-221-9, 2009, Bilbao

Hiroshima y Nagasaki. Sin embargo, con la guerra de Corea y el desarrollo de las capacidades termonucleares, la situación cambió, y comenzaron a ser cada vez más cuestionadas dentro de sectores políticos e incluso militares de EE UU. En los años cincuenta este cuestionamiento fue aceptado por gran parte de la opinión pública.

En los años de la guerra de Vietnam, la opción de utilizar armas nucleares ya no fue considerada. Durante toda la Guerra Fría se mantuvo la opción de mantener estas armas orientadas hacia ciudades soviéticas, e incluso algunos defendieron su uso limitado, pero cada vez más se impuso un consenso acerca de su carácter distinto, y sobre que sólo podrían estar justificadas como medida de respuesta en situaciones extremas. En el caso de EE UU, su uso llegó a verse como incompatible con la identidad que este país quería mostrar ante la comunidad internacional.

El Tratado de no Proliferación Nuclear (TNP) de 1968 significó un importante paso adelante. Y, aunque no establecía una obligación inmediata para que las potencias nucleares renunciaran a sus arsenales, sí la establecía en el largo plazo, al igual que incluía medidas para limitar las transferencias de tecnología nuclear y la proliferación.

En este caso es muy clara la importancia de la estigmatización y de los factores asociados a la identidad internacional de un país. Aunque varios países han querido desarrollar armas nucleares de menor impacto, que puedan ser utilizadas, la realidad es que todo ello ha tenido escasos resultados prácticos. Además, quienes disponen de ellas han renunciado en la práctica a utilizarlas. Aunque el tabú asociado a estas armas no es tan fuerte como en los casos de las armas químicas y biológicas (está más ligado a su uso que a la mera posesión), los avances han sido considerables.

15. **Los resultados de la cumbre de Oslo y el futuro**[36]

Los días 3 y 4 de diciembre de 2008, más de 100 Gobiernos se reunieron en Oslo para participar en la Conferencia Diplomática de firma del Tratado contra las bombas de racimo. También estuvieron allí la CMC y representantes de casi 300 ONG de todo el mundo. En una emotiva ceremonia, cada Estado iba fijando su posición, anunciando sus planes, y firmando a continuación el Tratado en presencia del equipo jurídico de la ONU. La cifra de firmantes en esta ceremonia inicial ronda los 100, aunque cualquier Estado puede firmarlo posteriormente en Nacio-

[36] Este apartado fue escrito en diciembre de 2008, una vez celebrada en Oslo la conferencia diplomática para la firma del Tratado.

ISBN: 978-84-9830-221-9, 2009, Bilbao

nes Unidas (y así lo anunciaron ya, por ejemplo, varias delegaciones presentes en Oslo que no pudieron materializar la firma por cuestiones técnicas). Entre quienes firmaron había países productores, otros que tienen bombas de racimo, muchos de aquéllos que las han sufrido y algunos que incluso las han utilizado.

Se trata de un arranque muy fuerte y que implica un amplio nivel de apoyos. Esto permite predecir que el Tratado va a ser un éxito y va a tener efectos reales, ya que suma, a la prohibición, la condena moral de este tipo de armas. La pretensión de la sociedad civil de que se estigmatizase a las bombas de racimo en su conjunto, como categoría de armamento, está muy cerca de cumplirse, y esto va a condicionar incluso a aquéllos que no han firmado. A partir de ahora, el coste político de usar bombas de racimo va a ser mucho más alto; quizá, en muchos casos, imposible de asumir. Eso es lo que espera la sociedad civil.

Por parte de España, firmó el Tratado el Ministro de Asuntos Exteriores, Miguel Ángel Moratinos, quien además anunció que se dará la máxima celeridad al proceso de ratificación. Además, en los mismos días, la Ministra de Defensa Carme Chacón anunció que para junio de 2009 España habrá destruido todos sus arsenales de bombas de racimo. El Tratado obliga a destruir casi 5.600 municiones, con un coste de unos cuatro millones de euros. Tampoco se permite que las empresas sigan produciendo este tipo de armamento.

El proceso de destrucción es distinto según los tipos de submuniciones, pero en todos los casos incluye cinco fases: a) puesta en funcionamiento del área de trabajo, recepción y separación de los componentes de la munición; b) neutralización de la bomba; c) retirada de la bomba y apertura del dispensador, extracción de submuniciones, descarga de la sustancia explosiva; d) criofractura de las submuniciones, eliminación ecológica de los restos contaminados; e) recuperación de explosivos y componentes metálicos. La documentación sobre el proceso permitirá una trazabilidad total del ciclo de desmilitarización, una exigencia que recoge el propio Tratado.

El próximo reto es, ahora, lograr que 30 países ratifiquen el Tratado. A partir de ese momento entrará en vigor una nueva e importantísima norma de Derecho Internacional.

16. **Conclusiones**

Las bombas de racimo son una amenaza contra las poblaciones civiles debido a que son armas indiscriminadas, con las que se trata de saturar un territorio, y no distinguen entre objetivos civiles o militares. Entre un 5% y un 30% de ellas no explota al impactar contra el suelo. Al per-

ISBN: 978-84-9830-221-9, 2009, Bilbao

manecer ahí, o en tejados, cultivos, etc., se transforman de hecho en minas antipersonales, que matarán a cualquiera que las toque. Su efecto, por tanto, puede durar muchos años. El peligro es especialmente grave para los niños ya que en muchos casos son atraídos por sus brillantes colores, que hace que parezcan juguetes.

Las bombas de racimo violan los principios del Derecho Internacional Humanitario porque no hacen distinción entre blancos civiles y militares. A pesar de ello, y de que las minas antipersonales han sido prohibidas, han sido usadas en numerosos conflictos, desde Vietnam y Camboya a Kosovo, Afganistán o Irak. El último ejemplo fueron los bombardeos del ejército israelí sobre Líbano en julio de 2006. Millones de municiones sin explotar siguen esparcidas por todo el sur de Líbano.

Más de 70 países de todo el mundo tienen estas armas en sus arsenales. Sólo EE UU tiene más de mil millones. Más de 30 países las han producido, y han sido utilizadas al menos en 22 países. En torno a 60 compañías continúan fabricándolas (al menos la mitad de ellas en Europa). El ejército español tiene también varios tipos de bombas de racimo, y varias compañías españolas las fabrican.

Estas armas violan los principios del Derecho Internacional Humanitario. De acuerdo a estas normas, que regulan el comportamiento de los actores armados en tiempo de guerra, las operaciones militares y las armas usadas deben cumplir el principio de distinción entre civiles y militares. También deben ser usadas de forma proporcional en relación al objetivo que se quiere conseguir. Esto significa que cualquier ataque que genere muertes y daños mayores al objetivo buscado sería desproporcionado y, por tanto, ilegal.

Las bombas de racimo están diseñadas para saturar la zona donde se encuentra el objetivo. El ataque, por ello, cubre toda el área y no sólo el objetivo concreto. El riesgo de causar "daños colaterales" es enorme, especialmente el de matar población civil. Además, en numerosas ocasiones (desde Vietnam hasta Líbano) estas armas se han usado de forma aún más ilegal, al dirigirlas intencionadamente hacia áreas habitadas por civiles. Esto contraviene los principios básicos del DIH.

En 2006, y ante la parálisis de las negociaciones en los foros convencionales sobre desarme, se lanzó el Proceso de Oslo. Liderado por el Gobierno noruego y otros pocos decididos a prohibir las bombas de racimo, y apoyado por una intensa diplomacia "de segunda vía" desde la sociedad civil, el Comité Internacional de la Cruz Roja y Naciones Unidas, el proceso ha logrado un tratado internacional que prohíbe este tipo de armamento en poco menos de dos años. Se trata del primer tratado internacional que prohíbe de forma rotunda una categoría completa de armamento convencional, y el mayor avance en desarme que ha

ISBN: 978-84-9830-221-9, 2009, Bilbao

dado la comunidad internacional en diez años, desde que se aprobó el Tratado de Ottawa contra las minas antipersonales. El Proceso de Oslo muestra que, en ocasiones, la diplomacia multilateral desarrollada en foros no convencionales es más eficaz y rápida que formas más tradicionales de negociación internacional.

Ha sido decisiva para la rapidez y el impulso del proceso el apoyo de organizaciones de la sociedad civil de todo el mundo, que se han coordinado para presionar en sus respectivos países y hacer que los Gobiernos acudieran a las citas, respaldaran los objetivos más ambiciosos y adoptaran medidas unilaterales. De esta coalición han formado parte organizaciones de países productores, de países afectados, de países poseedores y no poseedores de bombas de racimo, etc. Entre ellas había organizaciones humanitarias, de desarme, de derechos humanos, de desarrollo, de asistencia a las víctimas... Esto demuestra que la implicación de la sociedad civil en asuntos de gobernanza mundial puede hacer avanzar ésta, y que, en ocasiones, las voces y preocupaciones de las personas pueden sumarse e influir sobre el comportamiento de los Estados.

Del Proceso de Oslo ha salido un tratado integral, sin retrasos ni excepciones, que constituye un hito en la historia del desarme a nivel global. Es, además, una norma mucho más avanzada que el Tratado contra las minas en varios aspectos, especialmente en lo que se refiere a las obligaciones de asistencia a las víctimas y apoyo en la tarea de retirada de explosivos, y en las obligaciones de transparencia y control que se imponen a los Gobiernos. Este Tratado marcará, sin duda, un antes y un después y significará una clara diferencia en la vida de las víctimas y una victoria para ellas. De las que ya se produjeron, para las que es ante todo una reparación moral que se les debía. Y de las que no se van a producir en el futuro porque estas armas antes o después van a dejar de producirse y utilizarse.

En el caso de España, el Gobierno ha decidido sumarse de forma activa e incluso adoptar medidas unilaterales. Se trata de una buena noticia y de un ejemplo de compromiso con la paz, algo de lo que ha hecho bandera el Gobierno de José Luis Rodríguez Zapatero pero que, como decíamos, debe plasmarse en hechos y no sólo en palabras. El que España deje de fabricar estas armas y se deshaga de sus arsenales es un hecho que va en esta dirección, algo que habíamos reclamado con insistencia y por lo que hay que felicitarse.

Este Tratado tendrá consecuencias claras. Pero también es un símbolo y muestra que el cambio es posible cuando se persigue con responsabilidad y tesón. Es posible avanzar, establecer normas y límites a los comportamientos de los Estados, limitar los daños a las víctimas, darles voz y defender los derechos humanos. Se trata de un ejemplo de cara al futuro.

ISBN: 978-84-9830-221-9, 2009, Bilbao

ANEXO I. Resumen de las principales obligaciones para los Estados parte

Limpieza de áreas contaminadas (artículo 4)

Los Estados parte del Tratado están obligados a limpiar las áreas contaminadas por bombas de racimo lo antes posible, y en un plazo máximo de 10 años desde que el Tratado ha sido ratificado por ese Estado. También existe la obligación de informar anualmente sobre la situación y los progresos de los programas de limpieza. En caso de necesitar un plazo superior se pueden pedir ampliaciones por periodos de 5 años, aunque esto debe justificarse de forma muy estricta. Las ampliaciones, además, deben ser lo más cortas posible. El artículo 4 también incluye obligaciones en identificación y marcaje de áreas contaminadas y en educación sobre riesgos.

Los Estados parte que en el pasado hayan usado bombas de racimo en el territorio de otro Estado parte contraen un importante compromiso de proporcionar asistencia para ayudar a limpiar y destruir esos explosivos, incluyendo proporcionar información técnica sobre su localización y sobre las características de las armas utilizadas.

Asistencia a las víctimas (artículo 5)

Este artículo adopta un enfoque holístico sobre asistencia a las víctimas, al reclamar a los Estados parte medidas para que éstas pueden disfrutar de sus derechos humanos.

Los Estados parte están obligados a proporcionar asistencia a las víctimas de bombas de racimo, incluyendo cuidados médicos, rehabilitación y apoyo psicológico, así como ayuda para la inclusión social y económica. El concepto de "víctimas" de bombas de racimo es amplio y no

ISBN: 978-84-9830-221-9, 2009, Bilbao

sólo incluye a las personas que lo han sufrido directamente sino a sus familias y comunidades.

Los Estados parte deben desarrollar un plan nacional de acción con medidas y actividades concretas para asistencia a las víctimas, y designar a alguna autoridad dentro del Gobierno para coordinar todos los asuntos relativos a este artículo. En materia de asistencia a las víctimas, cada Estado parte debe consultar e incluir en las actividades a las propias víctimas y a las organizaciones que trabajan en este asunto.

Cooperación y asistencia internacional

Todos los Estados parte que estén en condiciones de hacerlo deben proporcionar ayuda técnica, material y financiera a los Estados parte afectados por bombas de racimo, y apoyar en tareas de limpieza y desminado, educación sobre riesgos, destrucción de arsenales y asistencia a las víctimas, además de recuperación socioeconómica.

ISBN: 978-84-9830-221-9, 2009, Bilbao

ANEXO II. Listados

Países que producen o han producido de armas de racimo

Alemania
Argentina
Bélgica
Brasil
Bulgaria
Canadá
Chile
China
Corea del Norte
Corea del Sur
Egipto
Eslovaquia
España
Estados Unidos
Francia
Grecia
Holanda
India
Irán
Irak
Israel
Italia
Japón
Pakistán
Polonia
Reino Unido
Rumanía
Rusia
Serbia y Montenegro
Singapur
Sudáfrica
Suecia
Suiza
Turquía

ISBN: 978-84-9830-221-9, 2009, Bilbao

Países con arsenales de bombas de racimo

Alemania
Angola
Arabia Saudí
Argelia
Argentina
Austria
Azerbaiyán
Bahrein
Bélgica
Bielorrusia
Bosnia Herzegovina
Brasil
Bulgaria
Canadá
Chile
China
Corea del Norte
Corea del Sur
Croacia
Cuba
Dinamarca
Egipto
Emiratos Árabes Unidos
Eritrea
Eslovaquia
España
Estados Unidos
Etiopía
Finlandia
Francia
Georgia
Grecia
Holanda
Honduras
Hungría
India
Indonesia
Irak
Irán
Israel
Italia
Japón
Jordania
Kazajstán
Kuwait
Libia
Marruecos
Moldavia
Mongolia
Nigeria
Noruega
Omán
Pakistán
Polonia
Portugal
Reino Unido
República Checa
Rumanía
Rusia
Serbia y Montenegro
Singapur
Siria
Sudáfrica
Sudán
Suecia
Suiza
Tailandia
Turkmenistán
Turquía
Ucrania
Uzbekistán
Yemen
Zimbabwe

ISBN: 978-84-9830-221-9, 2009, Bilbao

Lugares donde se han usado bombas de racimo

Afganistán
Albania
Arabia Saudí
Bosnia Herzegovina
Camboya
Chad
Chechenia
Croacia
Eritrea
Etiopía
Irak
Kosovo
Kuwait
Laos
Líbano
Sáhara Occidental
Serbia y Montenegro
Sierra Leona
Siria
Sudán
Tayikistán
Vietnam

ISBN: 978-84-9830-221-9, 2009, Bilbao

ANEXO III. Conferencia diplomática para la adopción de una Convención sobre municiones en racimo

CCM/77
30 de mayo de 2008

Original: ESPAÑOL
FRANCÉS
INGLÉS

DUBLÍN, 19 – 30 DE MAYO DE 2008

Convención sobre Municiones en Racimo

Los Estados Parte de la presente Convención,

Profundamente preocupados porque las poblaciones civiles y los civiles individualmente considerados continúan siendo los más afectados por los conflictos armados,

Decididos a poner fin definitivamente al sufrimiento y a las muertes causadas por las municiones en racimo en el momento de su uso, cuando no funcionan como se esperaba o cuando son abandonadas,

Preocupados porque los restos de municiones en racimo matan o mutilan a civiles, incluidos mujeres y niños, obstruyen el desarrollo económico y social, debido, entre otras razones, a la pérdida del sustento, impiden la rehabilitación post-conflicto y la reconstrucción, retrasan o impiden el regreso de refugiados y personas internamente desplazadas, pueden impactar negativamente en los esfuerzos nacionales e internacionales de construcción de la paz y asistencia humanitaria, además de tener otras graves consecuencias que pueden perdurar muchos años después de su uso,

ISBN: 978-84-9830-221-9, 2009, Bilbao

Profundamente preocupados también por los peligros presentados por los grandes arsenales nacionales de municiones en racimo conservados para uso operacional, y decididos a asegurar su pronta destrucción,

Creyendo en la necesidad de contribuir realmente de manera eficiente y coordinada a resolver el desafío de eliminar los restos de municiones en racimo localizados en todo el mundo y asegurar su destrucción,

Decididos también a asegurar la plena realización de los derechos de todas las víctimas de municiones en racimo y reconociendo su inherente dignidad,

Resueltos a hacer todo lo posible para proporcionar asistencia a las víctimas de municiones en racimo, incluida atención médica, rehabilitación y apoyo psicológico, así como para proveer los medios para lograr su inclusión social y económica,

Reconociendo la necesidad de proporcionar a las víctimas de municiones en racimo asistencia que responda a la edad y al género y de abordar las necesidades especiales de los grupos vulnerables,

Teniendo presente la Convención sobre los derechos de las personas con discapacidad, que, inter alia, exige que los Estados parte de esa Convención se comprometan a garantizar y promover la plena realización de todos los derechos humanos y libertades fundamentales de todas las personas con discapacidad sin discriminación de ningún tipo por motivos de la misma,

Conscientes de la necesidad de coordinar adecuadamente los esfuerzos emprendidos en varios foros para abordar los derechos y las necesidades de las víctimas de diferentes tipos de armas, y *resueltos* a evitar la discriminación entre las víctimas de diferentes tipos de armas,

Reafirmando que, en los casos no previstos en la presente Convención o en otros acuerdos internacionales, las personas civiles y los combatientes quedan bajo la protección y el imperio de los principios del Derecho Internacional derivados de los usos establecidos, de los principios de humanidad y de los dictados de la conciencia pública,

Resueltos también a que a los grupos armados que no pertenezcan a las Fuerzas Armadas de un Estado no se les permita, en circunstancia alguna, participar en actividad alguna prohibida a un Estado Parte de la presente Convención,

Acogiendo con satisfacción el amplísimo apoyo internacional a la norma internacional que prohíbe el empleo de minas antipersonal, contenida en la *Convención sobre la prohibición del empleo, almacenamiento, producción y transferencia de minas antipersonal y sobre su destrucción* de 1997,

ISBN: 978-84-9830-221-9, 2009, Bilbao

Acogiendo también con beneplácito la adopción del *Protocolo sobre restos explosivos de guerra, anexo a la Convención sobre prohibiciones o restricciones del empleo de ciertas armas convencionales que puedan considerarse excesivamente nocivas o de efectos indiscriminados*, y su entrada en vigor el 12 de noviembre de 2006, y con el deseo de aumentar la protección de los civiles de los efectos de los restos de municiones en racimo en ambientes post-conflicto,

Teniendo presente también la Resolución 1325 del Consejo de Seguridad de las Naciones Unidas sobre la mujer y la paz y la seguridad, y la Resolución 1612 del Consejo de Seguridad de las Naciones Unidas sobre los niños y los conflictos armados,

Dando además la bienvenida a las medidas tomadas en años recientes a nivel nacional, regional y global, dirigidas a prohibir, restringir o suspender el empleo, almacenamiento, producción y transferencia de municiones en racimo,

Poniendo de relieve el papel desempeñado por la conciencia pública en el fomento de los principios humanitarios, como ha puesto de manifiesto el llamamiento global para poner fin al sufrimiento de los civiles causado por las municiones en racimo, y reconociendo el esfuerzo que a tal fin han realizado las Naciones Unidas, el Comité Internacional de la Cruz Roja, la Coalición contra las Municiones en Racimo y otras numerosas organizaciones no gubernamentales de todo el mundo,

Reafirmando la Declaración de la Conferencia de Oslo sobre municiones en racimo, por la que, *inter alia,* los Estados reconocieron las graves consecuencias del uso de las municiones en racimo y se comprometieron a concluir para 2008 un instrumento jurídicamente vinculante que prohibiera el empleo, producción, transferencia y almacenamiento de municiones en racimo que causan daños inaceptables a civiles, y a establecer un marco de cooperación y asistencia que garantizara la adecuada prestación de atención y rehabilitación para las víctimas, la limpieza de áreas contaminadas, la educación sobre reducción de riesgos y la destrucción de los arsenales,

Poniendo de relieve la conveniencia de lograr la vinculación de todos los Estados a la presente Convención, y *decididos* a trabajar enérgicamente hacia la promoción de su universalización y su plena implementación,

Basándose en los principios y las normas del Derecho Internacional Humanitario, y particularmente en el principio según el cual el derecho de las partes participantes en un conflicto armado a elegir los métodos o medios de combate no es ilimitado, y en las normas que establecen que las partes de un conflicto deben en todo momento distinguir entre la población civil y los combatientes y entre bienes de carácter civil y objetivos militares y dirigir, por consiguiente, sus operaciones solamente contra objetivos militares; que en la realización de operaciones militares se prestará atención constante para salvaguardar a la

ISBN: 978-84-9830-221-9, 2009, Bilbao

población civil, a sus miembros y los bienes de carácter civil, y que la población civil y los civiles individualmente considerados disfrutan de protección general de los peligros derivados de las operaciones militares,

HAN CONVENIDO en lo siguiente:

Artículo 1
Obligaciones generales y ámbito de aplicación

1. Cada Estado Parte se compromete a nunca, y bajo ninguna circunstancia:
   (a) Emplear municiones en racimo;
   (b) Desarrollar, producir, adquirir de un modo u otro, almacenar, conservar o transferir a nadie, directa o indirectamente, municiones en racimo;
   (c) Ayudar, alentar o inducir a nadie a participar en una actividad prohibida a un Estado Parte según lo establecido en la presente Convención.

2. El apartado primero de este Artículo se aplica, mutatis mutandis, a bombetas explosivas que están específicamente diseñadas para ser dispersadas o liberadas de dispositivos emisores fijados a aeronaves.

3. La presente Convención no se aplica a las minas.

Artículo 2
Definiciones

Para efectos de la presente Convención:

1. Por "**víctimas de municiones en racimo**" se entiende todas las personas que han perdido la vida o han sufrido un daño físico o psicológico, una pérdida económica, marginación social o un daño substancial en la realización de sus derechos debido al empleo de municiones en racimo. La definición incluye a aquellas personas directamente afectadas por las municiones en racimo, así como a los familiares y comunidades perjudicados;

2. Por "**munición en racimo**" se entiende una munición convencional que ha sido diseñada para dispersar o liberar submuniciones explosivas, cada una de ellas de un peso inferior a 20 kilogramos, y que incluye estas submuniciones explosivas. La definición no incluye:
   (a) Una munición o submunición diseñada para emitir bengalas, humo, efectos de pirotecnia o contramedidas de radar ("chaff"); o una munición diseñada exclusivamente con una función de defensa aérea;
   (b) Una munición o submunición diseñada para producir efectos eléctricos o electrónicos;

ISBN: 978-84-9830-221-9, 2009, Bilbao

(c) Una munición que, a fin de evitar efectos indiscriminados en una zona, así como los riesgos que entrañan las submuniciones sin estallar, reúne todas las características siguientes:
(i) Cada munición contiene menos de diez submuniciones explosivas;
(ii) Cada submunición explosiva pesa más de cuatro kilogramos;
(iii) Cada submunición explosiva está diseñada para detectar y atacar un objeto que constituya un blanco único;
(iv) Cada submunición explosiva está equipada con un mecanismo de autodestrucción electrónico;
(v) Cada submunición explosiva está equipada con un dispositivo de autodesactivación electrónico;

3. Por "**submunición explosiva**" se entiende una munición convencional que, para desarrollar su función, es dispersada o liberada por una munición en racimo y está diseñada para funcionar mediante la detonación de una carga explosiva antes del impacto, de manera simultánea al impacto o con posterioridad al mismo;

4. Por "**munición en racimo fallida**" se entiende una munición en racimo que ha sido disparada, soltada, lanzada, proyectada o arrojada de otro modo y que debería haber dispersado o liberado sus submuniciones explosivas pero no lo hizo;

5. Por "**submunición sin estallar**" se entiende una submunición explosiva que ha sido dispersada o liberada, o que se ha separado de otro modo, de una munición en racimo, y no ha estallado como se esperaba;

6. Por "**municiones en racimo abandonadas**" se entiende aquellas municiones en racimo o submuniciones explosivas que no han sido usadas y que han sido abandonadas o desechadas y ya no se encuentran bajo el control de la Parte que las abandonó o desechó. Pueden o no haber sido preparadas para su empleo;

7. Por "**restos de municiones en racimo**" se entiende municiones en racimo fallidas, municiones en racimo abandonadas, submuniciones sin estallar y bombetas sin estallar;

8. "**Transferencia**" supone, además del traslado físico de municiones en racimo dentro o fuera de un territorio nacional, la transferencia del dominio y control sobre municiones en racimo, pero no incluye la transferencia del territorio que contenga restos de municiones en racimo;

9. Por "**mecanismo de autodestrucción**" se entiende un mecanismo de funcionamiento automático incorporado que es adicional al mecanismo iniciador primario de la munición y que asegura la destrucción de la munición en la que está incorporado;

ISBN: 978-84-9830-221-9, 2009, Bilbao

10. Por "**autodesactivación**" se entiende el hacer inactiva, de manera automática, una munición por medio del agotamiento irreversible de un componente, como, por ejemplo, una batería, que es esencial para el funcionamiento de la munición;

11. Por "**área contaminada con municiones en racim**o" se entiende un área que se sabe o se sospecha que contiene restos de municiones en racimo;

12. Por "**mina**" se entiende toda munición diseñada para colocarse debajo, sobre o cerca de la superficie del terreno u otra superficie cualquiera y concebida para detonar o explotar por la presencia, la proximidad o el contacto de una persona o de un vehículo;

13. Por "**bombeta explosiva**" se entiende una munición convencional, de menos de 20 kilogramos de peso, que no es autopropulsada y que, para realizar su función, debe ser dispersada o liberada por un dispositivo emisor, y que está diseñada para funcionar mediante la detonación de una carga explosiva antes del impacto, de manera simultánea al impacto o con posterioridad al mismo;

14. Por "**dispositivo emisor**" se entiende un contenedor que está diseñado para dispersar o liberar bombetas explosivas y que está fijado a una aeronave en el momento de la dispersión o liberación;

15. Por "**bombeta sin estallar**" se entiende una bombeta explosiva que ha sido dispersada, liberada o separada de otro modo de un emisor y no ha estallado como se esperaba.

Artículo 3
Almacenamiento y destrucción de reservas

1. Cada Estado Parte deberá, de conformidad con la legislación nacional, separar todas las municiones en racimo bajo su jurisdicción y control de las municiones conservadas para uso operacional y marcarlas para su destrucción.

2. Cada Estado Parte se compromete a destruir, o a asegurar la destrucción, de todas las municiones en racimo a las que se hace referencia en el apartado 1 de este Artículo lo antes posible y, a más tardar, en un plazo de ocho años a partir de la entrada en vigor de la presente Convención para ese Estado Parte. Cada Estado Parte se compromete a asegurar que los métodos de destrucción cumplan las normas internacionales aplicables para la protección de la salud pública y el medio ambiente.

3. Si un Estado Parte considera que no le será posible destruir o asegurar la destrucción de todas las municiones en racimo a las que se hace referencia en el apartado 1 de este Artículo dentro de un plazo de ocho años a partir de la

ISBN: 978-84-9830-221-9, 2009, Bilbao

entrada en vigor de la presente Convención para ese Estado, podrá presentar una solicitud a una Reunión de Estados Parte o a una Conferencia de Examen con el objeto de que se prorrogue hasta un máximo de cuatro años el plazo para completar la destrucción de dichas municiones en racimo. Un Estado Parte podrá, en circunstancias excepcionales, solicitar prórrogas adicionales de hasta cuatro años. Las prórrogas solicitadas no excederán el número de años estrictamente necesario para el cumplimiento de las obligaciones del Estado Parte conforme a lo establecido en el apartado 2 de este Artículo.

4. Cada solicitud de prórroga establecerá:

(a) La duración de la prórroga propuesta;

(b) Una explicación detallada de la prórroga propuesta, que incluirá los medios financieros y técnicos disponibles o requeridos por el Estado Parte para la destrucción de todas las municiones previstas en el apartado 1 de este Artículo y, de ser el caso, de las circunstancias excepcionales que la justifican;

(c) Un plan sobre cómo y cuándo será completada la destrucción de las reservas;

(d) La cantidad y tipo de municiones en racimo y submuniciones explosivas que el Estado Parte conserve en la fecha de entrada en vigor de la presente Convención para ese Estado y cualesquiera municiones en racimo o submuniciones explosivas adicionales descubiertas después de dicha entrada en vigor;

(e) La cantidad y tipo de municiones en racimo y submuniciones explosivas destruidas durante el plazo al que se hace referencia en el apartado 2 de este Artículo; y

(f) La cantidad y tipo de municiones en racimo y submuniciones explosivas restantes a destruir durante la prórroga propuesta y la tasa anual de destrucción que se espere lograr.

5. La Reunión de Estados Parte o la Conferencia de Examen deberá, teniendo en cuenta los factores citados en el apartado 4 de este Artículo, evaluar la solicitud y decidir por mayoría de votos de los Estados Parte presentes y votantes si se concede la prórroga del plazo. Los Estados Parte podrán resolver conceder una prórroga menos extensa que la solicitada y podrán proponer puntos de referencia para la prórroga, si procede. Las solicitudes de prórroga deberán presentarse como mínimo nueve meses antes de la Reunión de Estados Parte o la Conferencia de Examen en la que será considerada.

6. Sin detrimento de lo previsto en el Artículo 1 de la presente Convención, la retención o adquisición de un número limitado de municiones en racimo y submuniciones explosivas para el desarrollo de y entrenamiento en técnicas de detección, limpieza y destrucción de municiones en racimo y submuniciones explosivas, o para el desarrollo de contramedidas, está permitido. La cantidad de submuniciones explosivas retenidas o adquiridas no excederá el número mínimo absolutamente necesario para estos fines.

ISBN: 978-84-9830-221-9, 2009, Bilbao

7. Sin detrimento de lo previsto en el Artículo 1 de la presente Convención, la transferencia de municiones en racimo a otro Estado Parte para su destrucción, así como para los fines descritos en el apartado 6 de este Artículo, está permitida.

8. Los Estados Parte que retengan, adquieran o transfieran municiones en racimo o submuniciones explosivas para los fines descritos en los apartados 6 y 7 de este Artículo presentarán un informe detallado sobre el uso que se planea hacer y el uso fáctico de estas municiones en racimo y submuniciones explosivas, su tipo, cantidad y números de lote. Si las municiones en racimo o submuniciones explosivas se transfieren a otro Estado Parte con estos fines, el informe incluirá una referencia a la Parte receptora. Dicho informe se preparará para cada año durante el cual un Estado Parte haya retenido, adquirido o transferido municiones en racimo o submuniciones explosivas y se entregará al Secretario General de las Naciones Unidas a más tardar el 30 de abril del año siguiente.

Artículo 4
Limpieza y destrucción de restos de municiones en racimo y educación sobre reducción de riesgos

1. Cada Estado Parte se compromete a limpiar y destruir o asegurar la limpieza y destrucción de los restos de municiones en racimo ubicados en las áreas que se encuentren bajo su jurisdicción o control, de la siguiente manera:

(a) Cuando los restos de municiones en racimo estén ubicados en áreas bajo su jurisdicción o control en el momento de la entrada en vigor de la presente Convención para ese Estado Parte, dicha limpieza y destrucción deberá completarse lo antes posible, y, a más tardar, en un plazo de diez años a partir de ese día;

(b) Cuando, después de la entrada en vigor de la presente Convención para ese Estado Parte, las municiones en racimo se hayan convertido en restos de municiones en racimo ubicados en áreas bajo su jurisdicción o control, la limpieza y destrucción deberá ser completada tan pronto como sea posible, y, a más tardar, diez años después del cese de las hostilidades activas durante las cuales tales municiones en racimo se convirtieran en restos de municiones en racimo; y

(c) Una vez cumplida cualquiera de las obligaciones establecidas en los subapartados (a) y (b) de este apartado, el Estado Parte correspondiente hará una declaración de cumplimiento a la siguiente Reunión de Estados Parte.

2. En el cumplimiento de sus obligaciones conforme al apartado 1 de este Artículo, cada Estado Parte, tan pronto como le sea posible, tomará las siguientes medidas, tomando en consideración las disposiciones del Artículo 6 de la presente Convención en materia de cooperación y asistencia internacional:

ISBN: 978-84-9830-221-9, 2009, Bilbao

(a) Examinar, evaluar y registrar la amenaza que representan los restos de municiones en racimo, haciendo todos los esfuerzos posibles por identificar todas las áreas contaminadas con municiones en racimo bajo su jurisdicción o control;
(b) Evaluar y priorizar las necesidades en términos de marcaje, protección de civiles, limpieza y destrucción, y adoptar medidas para movilizar recursos y elaborar un plan nacional para realizar estas actividades, reforzando, cuando proceda, las estructuras, experiencias y metodologías existentes;
(c) Adoptar todas las medidas factibles para asegurar que todas las áreas contaminadas con municiones en racimo bajo su jurisdicción o control tengan el perímetro marcado, controlado y protegido con cercas o cualquier otro medio que permita asegurar la efectiva exclusión de civiles. Para señalizar las zonas de presunto peligro se utilizarán señales de advertencia basadas en métodos de señalización fácilmente reconocibles por la comunidad afectada. Las señales y otras indicaciones de los límites de la zona de peligro deberán ser, en la medida de lo posible, visibles, legibles, duraderas y resistentes a los efectos ambientales, e indicar claramente qué lado del límite señalado se considera dentro del área contaminada con municiones en racimo y qué lado se considera seguro;
(d) Limpiar y destruir todos los restos de municiones en racimo ubicados en áreas bajo su jurisdicción o control; y
(e) Impartir educación sobre reducción de riesgos entre los civiles que viven dentro o en los alrededores de áreas contaminadas con municiones en racimo, encaminada a asegurar la sensibilización sobre los riesgos que representan dichos restos.

3. En el desarrollo de las actividades a las que se hace referencia en el apartado 2 de este Artículo, cada Estado Parte tendrá en cuenta las normas internacionales, incluidas las *Normas internacionales sobre acción contra las minas (IMAS, International Mine Action Standards).*

4. Este apartado se aplicará en los casos en los cuales las municiones en racimo hayan sido empleadas o abandonadas por un Estado Parte antes de la entrada en vigor de la presente Convención para ese Estado Parte y se hayan convertido en restos de municiones en racimo ubicados en áreas bajo la jurisdicción o control de otro Estado Parte en el momento de la entrada en vigor de la presente Convención para éste último.

(a) En esos casos, después de la entrada en vigor de la presente Convención para ambos Estados Parte, se alienta fervientemente al primero a proveer, inter alia, asistencia técnica, financiera, material o de recursos humanos al otro Estado Parte, ya sea de manera bilateral o a través de una tercera parte mutuamente acordada, que podrá incluir el Sistema de las Naciones Unidas o a otras organizaciones pertinentes, para facilitar el marcaje, limpieza y destrucción de dichos restos de municiones en racimo.

ISBN: 978-84-9830-221-9, 2009, Bilbao

(b) Dicha asistencia incluirá, si estuviera disponible, información sobre los tipos y cantidades de municiones en racimo empleadas, la localización precisa de los ataques en los que fueron empleadas las municiones en racimo y las áreas en las que se sepa que están situados los restos de municiones en racimo.

5. Si un Estado Parte considera que no le será posible limpiar y destruir o asegurar la limpieza y destrucción de todos los restos de municiones en racimo a los que se hace referencia en el apartado 1 de este Artículo dentro de un período de diez años a partir de la entrada en vigor de esta Convención para ese Estado Parte, podrá presentar una solicitud a una Reunión de Estados Parte o a una Conferencia de Examen con objeto de que se prorrogue hasta un máximo de cinco años el plazo para completar la limpieza y destrucción de dichos restos de municiones en racimo. La prórroga solicitada no excederá el número de años estrictamente necesario para el cumplimiento de las obligaciones del Estado Parte conforme al apartado 1 de este Artículo.

6. Toda solicitud de prórroga será sometida a la Reunión de Estados Parte o a la Conferencia de Examen antes de que expire el periodo de tiempo estipulado en el apartado 1 de este Artículo para ese Estado Parte. Cada solicitud de prórroga deberá presentarse como mínimo nueve meses antes de la Reunión de Estados Parte o la Conferencia de Examen en la que será considerada. Cada solicitud establecerá:

(a) La duración de la prórroga propuesta;
(b) Una explicación detallada de las razones por las que se solicita la prórroga propuesta, que incluirá los medios financieros y técnicos disponibles para y requeridos por el Estado Parte para la limpieza y destrucción de todos los restos de municiones en racimo durante la prórroga propuesta;
(c) La preparación del trabajo futuro y la situación del trabajo ya realizado al amparo de los programas nacionales de limpieza y desminado durante el período inicial de diez años al que se hace referencia en el apartado 1 de este Artículo y en prórrogas subsiguientes;
(d) El área total que contenga restos de municiones en racimo en el momento de la entrada en vigor de la presente Convención para ese Estado Parte y cualquier área adicional que contenga restos de municiones en racimo descubierta con posterioridad a dicha entrada en vigor;
(e) El área total que contenga restos de municiones en racimo limpiada desde la entrada en vigor de la presente Convención;
(f) El área total que contenga restos de municiones en racimo que quede por limpiar durante la prórroga propuesta;
(g) Las circunstancias que hayan mermado la capacidad del Estado Parte de destruir todos los restos de municiones en racimo localizados en áreas bajo su jurisdicción o control durante el período inicial de diez años establecido en el apartado 1 de este Artículo y las circunstancias que hayan mermado esta capacidad durante la prórroga propuesta;

ISBN: 978-84-9830-221-9, 2009, Bilbao

(h) Las implicaciones humanitarias, sociales, económicas y medioambientales de la prórroga propuesta; y
(i) Cualquier otra información pertinente a la solicitud de la prórroga propuesta.

7. La Reunión de los Estados Parte o la Conferencia de Examen deberá, teniendo en cuenta los factores a los que se hace referencia en el apartado 6 de este Artículo, incluyendo, inter alia, las cantidades de restos de municiones en racimo de las que se haya dado parte, evaluar la solicitud y decidir por mayoría de votos de los Estados Parte presentes y votantes si se concede la ampliación del plazo. Los Estados Parte podrán resolver conferir una prórroga menos extensa que la solicitada y podrán proponer puntos de referencia para la prórroga, según sea apropiado.

8. Dicha prórroga podrá ser renovada por un período de hasta cinco años con la presentación de una nueva solicitud, de conformidad con los apartados 5, 6 y 7 de este Artículo. Al solicitar una nueva prórroga, el Estado Parte deberá presentar información adicional pertinente sobre lo efectuado durante el previo período de prórroga concedido en virtud de este Artículo.

Artículo 5
Asistencia a las víctimas

1. Cada Estado Parte, con respecto a las víctimas de las municiones en racimo en áreas bajo su jurisdicción o control, de conformidad con el Derecho Internacional Humanitario y el de Derecho Internacional de Derechos Humanos aplicables, proporcionará adecuadamente asistencia que responda a la edad y género, incluida atención médica, rehabilitación, y apoyo psicológico, además de proveer los medios para lograr su inclusión social y económica. Cada Estado Parte hará todo lo posible por recopilar datos pertinentes y fiables relativos a las víctimas de municiones en racimo.

2. En cumplimiento de sus obligaciones conforme al apartado 1 de este Artículo, cada Estado Parte deberá:
(a) Evaluar las necesidades de las víctimas de municiones en racimo;
(b) Desarrollar, implementar y hacer cumplir todas las leyes y políticas nacionales necesarias;
(c) Desarrollar un plan nacional y un presupuesto, incluidas estimaciones del tiempo necesario para llevar a cabo estas actividades, con vistas a incorporarlos en los marcos y mecanismos nacionales existentes de discapacidad, desarrollo y derechos humanos, siempre respetando el papel y contribución específicos de los actores pertinentes;
(d) Adoptar medidas para movilizar recursos nacionales e internacionales;
(e) No discriminar a las víctimas de municiones en racimo, ni establecer diferencias entre ellas, ni discriminar entre víctimas de municiones en

racimo y aquéllos que han sufrido lesiones o discapacidades por otras causas; las diferencias en el trato deberán basarse únicamente en las necesidades médicas, de rehabilitación, psicológicas o socioeconómicas;

(f) Consultar estrechamente e involucrar activamente a las víctimas de municiones en racimo y a las organizaciones que las representan;

(g) Designar un punto de contacto dentro del Gobierno para coordinar los asuntos relativos a la implementación de este Artículo;

(h) Esforzarse por incorporar directrices pertinentes y mejores prácticas en las áreas de atención médica, rehabilitación y apoyo psicológico, así como inclusión social y económica, entre otras.

Artículo 6
Cooperación y asistencia internacional

1. En cumplimiento de sus obligaciones conforme a la presente Convención, cada Estado Parte tiene derecho a solicitar y recibir asistencia.

2. Cada Estado Parte que esté en condiciones de hacerlo proporcionará asistencia técnica, material y financiera a los Estados Parte afectados por las municiones en racimo, con el objetivo de implementar las obligaciones de la presente Convención. Esta asistencia podrá ser otorgada, *inter alia,* a través del sistema de las Naciones Unidas, de organizaciones o instituciones internacionales, regionales o nacionales, de organizaciones o instituciones no gubernamentales, o de manera bilateral.

3. Cada Estado Parte se compromete a facilitar el intercambio más completo posible de equipo, información científica y tecnológica en relación con la implementación de la presente Convención, y tendrá derecho a participar en el mismo. Los Estados Parte no impondrán restricciones indebidas al suministro y recepción de equipos de remoción o equipos similares y de la correspondiente información tecnológica con fines humanitarios.

4. Además de cualquier obligación que pudiera tener de conformidad con el apartado 4 del Artículo 4 de la presente Convención, cada Estado Parte que esté en condiciones de hacerlo proporcionará asistencia para la limpieza y destrucción de restos de municiones en racimo e información relativa a diversos medios y tecnologías relacionados con la remoción de municiones en racimo, así como listas de expertos, agencias especializadas o puntos de contacto nacionales vinculados con la limpieza y destrucción de restos de municiones en racimo y actividades relacionadas.

5. Cada Estado Parte que esté en condiciones de hacerlo proporcionará asistencia para la destrucción de las reservas de municiones en racimo y también proporcionará asistencia para identificar, evaluar y priorizar necesidades y

ISBN: 978-84-9830-221-9, 2009, Bilbao

medidas prácticas en términos de marcaje, educación sobre reducción de riesgos, protección de civiles y limpieza y destrucción de acuerdo con lo establecido en el Artículo 4 de la presente Convención.

6. Cuando, después de la entrada en vigor de la presente Convención, las municiones en racimo se hayan convertido en restos de municiones en racimo ubicados en áreas bajo la jurisdicción o control de un Estado Parte, cada Estado Parte que esté en condiciones de hacerlo proporcionará de manera urgente asistencia de emergencia al Estado Parte afectado.

7. Cada Estado Parte que esté en condiciones de hacerlo proporcionará asistencia para la implementación de las obligaciones a las que se hace referencia en el Artículo 5 de la presente Convención, relativas a proporcionar adecuadamente asistencia que responda a la edad y género, incluida atención médica, rehabilitación y apoyo psicológico, y a proveer los medios para lograr la inclusión social y económica de las víctimas de municiones en racimo. Esta asistencia puede ser otorgada, inter alia, a través del sistema de las Naciones Unidas, de organizaciones o instituciones internacionales, regionales o nacionales, del Comité Internacional de la Cruz Roja y las sociedades nacionales de la Cruz Roja y la Media Luna Roja y su Federación Internacional, de organizaciones no gubernamentales, o de manera bilateral.

8. Cada Estado Parte que esté en condiciones de hacerlo proporcionará asistencia para contribuir a la recuperación económica y social necesaria resultante del empleo de municiones en racimo en los Estados Parte afectados.

9. Cada Estado Parte que esté en condiciones de hacerlo podrá realizar contribuciones a fondos fiduciarios pertinentes, para facilitar la prestación de la asistencia prevista en este Artículo.

10. Cada Estado Parte que solicite y reciba asistencia deberá adoptar todas las medidas para facilitar la implementación eficaz y oportuna de la presente Convención, incluyendo la facilitación de la entrada y salida de personal, material y equipo, de conformidad con la legislación y normas nacionales, tomando en consideración las mejores prácticas internacionales.

11. Cada Estado Parte podrá, con el fin de elaborar un plan de acción nacional, solicitar a las Naciones Unidas, a las organizaciones regionales, a otros Estados Parte o a otras instituciones intergubernamentales o no gubernamentales competentes que presten asistencia a sus autoridades para determinar, inter alia:

(a) La naturaleza y alcance de los restos de municiones en racimo localizados en áreas bajo su jurisdicción o control;

(b) Los recursos financieros, tecnológicos y humanos necesarios para la ejecución del plan;

(c) El tiempo que se estime necesario para limpiar y destruir todos los restos de municiones en racimo localizados en áreas bajo su jurisdicción o control;

ISBN: 978-84-9830-221-9, 2009, Bilbao

(d) Programas de educación sobre reducción de riesgos y actividades de sensibilización para reducir la incidencia de las lesiones o muertes causadas por los restos de municiones en racimo;
(e) Asistencia a las víctimas de municiones en racimo; y
(f) La relación de coordinación entre el Gobierno del Estado Parte en cuestión y las entidades gubernamentales, intergubernamentales o no gubernamentales pertinentes que hayan de trabajar en la ejecución del plan.

12. Los Estados Parte que proporcionen y reciban asistencia de conformidad con las disposiciones de este Artículo deberán cooperar con el objeto de garantizar la completa y rápida puesta en práctica de los programas de asistencia acordados.

Artículo 7
Medidas de Transparencia

1. Cada Estado Parte informará al Secretario General de las Naciones Unidas tan pronto como sea posible y, en cualquier caso, no más tarde de 180 días a partir de la entrada en vigor de la presente Convención para ese Estado Parte, sobre:
(a) Las medidas de implementación a nivel nacional a las que se hace referencia en el Artículo 9 de la presente Convención;
(b) El total de todas las municiones en racimo, incluidas las submuniciones explosivas, a las que se hace referencia en el apartado 1 del Artículo 3 de la presente Convención, con un desglose del tipo, cantidad y, si fuera posible, los números de lote de cada tipo;
(c) Las características técnicas de cada tipo de munición en racimo producida por ese Estado Parte con anterioridad a la entrada en vigor de la presente Convención para ese Estado, hasta donde se conozcan, y de aquéllas que pertenezcan actualmente a dicho Estado o que éste posea, dándose a conocer, cuando fuera razonablemente posible, las categorías de información que puedan facilitar la identificación y remoción de las municiones en racimo; como mínimo, la información incluirá las dimensiones, espoletas, contenido explosivo, contenido metálico, fotografías en color y cualquier otra información que pueda facilitar la remoción de los restos de municiones en racimo;
(d) La situación y el avance de los programas de reconversión o cierre definitivo de las instalaciones de producción de municiones en racimo;
(e) La situación y el avance de los programas de destrucción, de conformidad con el Artículo 3 de la presente Convención, de las municiones en racimo, incluidas las submuniciones explosivas, con detalles de los métodos que se utilizarán en la destrucción, la ubicación de todos los lugares donde tendrá lugar la destrucción y las normas aplicables que hayan de observarse en materia de seguridad y medio ambiente;

ISBN: 978-84-9830-221-9, 2009, Bilbao

(f) Los tipos y cantidades de municiones en racimo, incluidas submuniciones explosivas, destruidas de conformidad con el Artículo 3 de la presente Convención, con detalles de los métodos de destrucción utilizados, la ubicación de los lugares de destrucción, así como las normas aplicables que en materia de seguridad y medio ambiente hayan sido observadas;
(g) Las reservas de municiones en racimo, incluidas submuniciones explosivas, descubiertas luego de haber informado de la conclusión del programa al que se hace referencia en el subapartado (e) de este apartado, y los planes de destrucción de las mismas conforme al Artículo 3 de la presente Convención;
(h) En la medida de lo posible, la ubicación de todas las áreas contaminadas con municiones en racimo que se encuentren bajo su jurisdicción o control, con la mayor cantidad posible de detalles relativos al tipo y cantidad de cada tipo de resto de munición en racimo en cada área afectada y cuándo fueron empleadas;
(i) La situación y el avance de los programas de limpieza y destrucción de todos los tipos y cantidades de restos de municiones en racimo removidos y destruidos de conformidad con el Artículo 4 de la presente Convención, incluido el tamaño y la ubicación del área contaminada con municiones en racimo limpiada y un desglose de la cantidad de cada tipo de restos de municiones en racimo limpiado y destruido;
(j) Las medidas adoptadas para impartir educación sobre reducción de riesgos y, en especial, una advertencia inmediata y eficaz a los civiles que viven en las áreas bajo su jurisdicción o control que se encuentren contaminadas con municiones en racimo;
(k) La situación y el avance de la implementación de sus obligaciones conforme al Artículo 5 de la presente Convención, relativas a proporcionar adecuadamente asistencia que responda a la edad y género, incluida atención médica, rehabilitación y apoyo psicológico, así como a proveer los medios para lograr la inclusión social y económica de las víctimas de municiones en racimo, y de reunir información fiable y pertinente respecto a las víctimas de municiones en racimo;
(l) El nombre y los datos de contacto de las instituciones con el mandatode proporcionar información y llevar a cabo las medidas descritas en este apartado;
(m) La cantidad de recursos nacionales, incluidos los financieros, materiales o en especie, asignados a la implementación de los Artículos 3, 4 y 5 de la presente Convención; y
(n) Las cantidades, tipos y destinos de la cooperación y asistencia internacionales proporcionadas conforme al Artículo 6 de la presente Convención.

2. La información proporcionada de conformidad con el apartado 1 de este Artículo se actualizará anualmente por cada Estado Parte respecto al año calendario precedente, y deberá ser presentada al Secretario General de las Naciones Unidas a más tardar el 30 de abril de cada año.

ISBN: 978-84-9830-221-9, 2009, Bilbao

3. El Secretario General de las Naciones Unidas transmitirá los informes recibidos a los Estados Parte.

Artículo 8
Facilitación y aclaración de cumplimiento

1. Los Estados Parte acuerdan consultarse y cooperar entre sí con respecto a la aplicación de las disposiciones de la presente Convención, y trabajar conjuntamente con espíritu de cooperación para facilitar el cumplimiento por parte de los Estados Parte de sus obligaciones conforme a la presente Convención.

2. Si uno o más Estados Parte desean aclarar y buscan resolver cuestiones relacionadas con un asunto de cumplimiento de las disposiciones de la presente Convención por parte de otro Estado Parte, pueden presentar, por conducto del Secretario General de las Naciones Unidas, una Solicitud de Aclaración de dicho asunto a ese Estado Parte. La solicitud deberá estar acompañada de toda la información que corresponda. Cada Estado Parte se abstendrá de presentar solicitudes de Aclaración infundadas, procurando no abusar de ese mecanismo. Un Estado Parte que reciba una Solicitud de Aclaración entregará, por conducto del Secretario General de las Naciones Unidas, en un plazo de 28 días, al Estado Parte solicitante toda la información necesaria para aclarar el asunto.

3. Si el Estado Parte solicitante no recibe respuesta por conducto del Secretario General de las Naciones Unidas dentro del plazo mencionado, o considera que ésta no es satisfactoria, podrá someter, por conducto del Secretario General de las Naciones Unidas, el asunto a la siguiente Reunión de los Estados Parte. El Secretario General de las Naciones Unidas remitirá a todos los Estados Parte la solicitud presentada, acompañada de toda información pertinente a la Solicitud de Aclaración. Toda esa información se presentará al Estado Parte del que se solicita la aclaración, el cual tendrá el derecho de réplica.

4. Mientras esté pendiente la convocatoria de la Reunión de Estados Parte, cualquiera de los Estados Parte interesados puede solicitar al Secretario General de las Naciones Unidas ejercer sus buenos oficios para facilitar la aclaración solicitada.

5. Cuando, según lo estipulado en el apartado 3 de este Artículo, se haya presentado un asunto específico para ser tratado en la Reunión de los Estados Parte, ésta deberá determinar en primer lugar si ha de proseguir con la consideración del asunto, teniendo en cuenta toda la información presentada por los Estados Parte interesados. En caso de que se determine que sí, la Reunión de Estados Parte puede sugerir a los Estados Parte interesados formas y medios para aclarar o resolver el asunto en consideración, incluido el inicio de los procedimientos pertinentes de conformidad con el Derecho Internacional. En caso de que se determine que el tema en cuestión es originado por circunstancias

ISBN: 978-84-9830-221-9, 2009, Bilbao

que escapan al control del Estado Parte al que se ha solicitado la aclaración, la Reunión de Estados Parte podrá recomendar las medidas apropiadas, incluido el uso de medidas cooperativas a las que se hace referencia en el Artículo 6 de la presente Convención.

6. Adicionalmente a los procedimientos establecidos en los apartados del 2 al 5 de este Artículo, la Reunión de Estados Parte podrá decidir adoptar otros procedimientos generales o mecanismos específicos para la aclaración de cumplimiento, incluidos hechos, y la resolución de situaciones de incumplimiento de las disposiciones de la Convención, según considere apropiado.

Artículo 9
Medidas de implementación a nivel nacional

Cada Estado Parte adoptará todas las medidas legales, administrativas y de otra índole que procedan para implementar la presente Convención, incluida la imposición de sanciones penales para prevenir y reprimir cualquier actividad prohibida a los Estados Parte conforme a la presente Convención que haya sido cometida por personas o en territorio bajo su jurisdicción o control.

Artículo 10
Solución de controversias

1. En caso de surgir alguna controversia entre dos o más Estados Parte en relación a la interpretación o aplicación de la presente Convención, los Estados Parte interesados se consultarán mutuamente con el propósito de obtener una pronta solución a la controversia a través de la negociación o por algún otro medio pacífico de su elección, incluido el recurso a la Reunión de los Estados Parte y la sumisión de la controversia a la Corte Internacional de Justicia de conformidad con el Estatuto de la Corte.

2. La Reunión de los Estados Parte podrá contribuir a la solución de las controversias por cualesquiera medios que considere apropiados, incluido el ofrecimiento de sus buenos oficios, instando a los Estados Parte interesados a que comiencen los procedimientos de resolución de su elección y recomendando un plazo para cualquier procedimiento acordado.

Artículo 11
Reuniones de los Estados Parte

1. Los Estados Parte se reunirán regularmente para considerar y, cuando sea necesario, tomar decisiones en relación a algún asunto relativo a la aplicación o implementación de la presente Convención, incluidos:

(a) El funcionamiento y el estado de aplicación de la presente Convención;
(b) Los asuntos relacionados con los informes presentados conforme a las disposiciones de la presente Convención;
(c) La cooperación y la asistencia internacionales según lo previsto en el Artículo 6 de la presente Convención;
(d) El desarrollo de tecnologías para la remoción de los restos de municiones en racimo;
(e) Las solicitudes de los Estados Parte a las que se refieren los Artículos 8 y 10 de la presente Convención; y
(f) Las solicitudes de los Estados Parte de acuerdo con lo previsto en los Artículos 3 y 4 de la presente Convención.

2. La primera Reunión de los Estados Parte será convocada por el Secretario General de las Naciones Unidas en el plazo de un año a partir de la entrada en vigor de la presente Convención. Las reuniones subsiguientes serán convocadas anualmente por el Secretario General de las Naciones Unidas hasta la primera Conferencia de Examen.

3. Los Estados no Parte de la presente Convención, así como las Naciones Unidas, otras organizaciones o instituciones internacionales pertinentes, organizaciones regionales, el Comité Internacional de la Cruz Roja, la Federación Internacional de Sociedades de la Cruz Roja y de la Media Luna Roja y organizaciones no gubernamentales pertinentes podrán ser invitados a asistir a estas reuniones en calidad de observadores, de acuerdo con las reglas de procedimiento acordadas.

Artículo 12
Conferencias de Examen

1. El Secretario General de las Naciones Unidas convocará una Conferencia de Examen transcurridos cinco años desde la entrada en vigor de la presente Convención. El Secretario General de las Naciones Unidas convocará otras Conferencias de Examen si así lo solicitan uno o más Estados Parte, siempre y cuando el intervalo entre ellas no sea menor de cinco años. Todos los Estados Parte de la presente Convención serán invitados a todas las Conferencias de Examen.

2. La finalidad de la Conferencia de Examen será:
(a) Evaluar el funcionamiento y el estado de aplicación de la presente Convención;
(b) Considerar la necesidad de celebrar Reuniones adicionales de los Estados Parte, a las que se refiere el apartado 2 del Artículo 11 de la presente Convención, así como el intervalo que haya de existir entre ellas; y
(c) Tomar decisiones sobre las solicitudes de los Estados Parte previstas en los Artículos 3 y 4 de la presente Convención.

ISBN: 978-84-9830-221-9, 2009, Bilbao

3. Los Estados no Parte de la presente Convención, así como las Naciones Unidas, otras organizaciones o instituciones internacionales pertinentes, organizaciones regionales, el Comité Internacional de la Cruz Roja, la Federación Internacional de Sociedades de la Cruz Roja y de la Media Luna Roja y organizaciones no gubernamentales pertinentes podrán ser invitados a asistir a las Conferencias de Examen en calidad de observadores, de acuerdo con las reglas de procedimiento acordadas.

Artículo 13
Enmiendas

1. Todo Estado Parte podrá, en cualquier momento después de la entrada en vigor de la presente Convención, proponer enmiendas a la misma. Toda propuesta de enmienda se comunicará al Secretario General de las Naciones Unidas, quien la hará circular entre todos los Estados Parte y pedirá su opinión sobre si se debe convocar una Conferencia de Enmienda para considerar la propuesta. Si una mayoría de los Estados Parte notifica al Secretario General, a más tardar 90 días después de su circulación, que está a favor de proseguir con la consideración de la propuesta, el Secretario General convocará una Conferencia de Enmienda a la cual se invitará a todos los Estados Parte.

2. Los Estados no Parte de la presente Convención, así como las Naciones Unidas, otras organizaciones o instituciones internacionales pertinentes, organizaciones regionales, el Comité Internacional de la Cruz Roja, la Federación Internacional de Sociedades de la Cruz Roja y de la Media Luna Roja y organizaciones no gubernamentales pertinentes podrán ser invitados a asistir a cada Conferencia de Enmienda en calidad de observadores de conformidad con las reglas de procedimiento acordadas.

3. La Conferencia de Enmienda se celebrará inmediatamente después de una Reunión de los Estados Parte o una Conferencia de Examen, a menos que una mayoría de los Estados Parte solicite que se celebre antes.

4. Toda enmienda a la presente Convención será adoptada por una mayoría de dos tercios de los Estados Parte presentes y votantes en la Conferencia de Enmienda. El Depositario comunicará toda enmienda así adoptada a todos los Estados.

5. Toda enmienda a la presente Convención entrará en vigor para los Estados Parte que hayan aceptado la enmienda en la fecha de depósito de las aceptaciones por una mayoría de los Estados que eran Parte en la fecha de adopción de la enmienda. En adelante, entrará en vigor para los demás Estados Parte en la fecha en que depositen su instrumento de aceptación.

ISBN: 978-84-9830-221-9, 2009, Bilbao

Artículo 14
Costos y tareas administrativas

1. Los costos de las Reuniones de los Estados Parte, Conferencias de Examen y Conferencias de Enmienda serán sufragados por los Estados Parte y por los Estados no Parte de la presente Convención que participen en ellas, de acuerdo con la escala de cuotas de las Naciones Unidas adecuadamente ajustada.

2. Los costos en que incurra el Secretario General de las Naciones Unidas con arreglo a los Artículos 7 y 8 de la presente Convención serán sufragados por los Estados Parte de conformidad con la escala de cuotas de las Naciones Unidas adecuadamente ajustada.

3. La ejecución por parte del Secretario General de las Naciones Unidas de las tareas administrativas que se le asignan en virtud de la presente Convención se encuentra sujeta al mandato correspondiente de las Naciones Unidas.

Artículo 15
Firma

La presente Convención, hecha en Dublín el 30 de mayo de 2008, estará abierta a todos los Estados para su firma en Oslo el 3 de diciembre de 2008 y después de esa fecha en la Sede de las Naciones Unidas, en Nueva York, hasta su entrada en vigor.

Artículo 16
Ratificación, aceptación, aprobación o adhesión

1. La presente Convención está sujeta a la ratificación, la aceptación o la aprobación de los Signatarios.

2. La Convención estará abierta a la adhesión de cualquier Estado que no la haya firmado.

3. Los instrumentos de ratificación, aceptación, aprobación o adhesión se depositarán ante el Depositario.

Artículo 17
Entrada en vigor

1. La presente Convención entrará en vigor el primer día del sexto mes a partir de la fecha de depósito del trigésimo instrumento de ratificación, de aceptación, de aprobación o de adhesión.

ISBN: 978-84-9830-221-9, 2009, Bilbao

2. Para cualquier Estado que deposite su instrumento de ratificación, de aceptación, de aprobación o de adhesión a partir de la fecha de depósito del trigésimo instrumento de ratificación, de aceptación, de aprobación o de adhesión, la presente Convención entrará en vigor el primer día del sexto mes a partir de la fecha de depósito por parte de ese Estado de su instrumento de ratificación, de aceptación, de aprobación o de adhesión.

Artículo 18
Aplicación provisional

Cualquier Estado podrá, en el momento de ratificar, aceptar, aprobar o adherirse a la presente Convención, declarar que aplicará provisionalmente el Artículo 1 de la misma mientras esté pendiente su entrada en vigor para tal Estado.

Artículo 19
Reservas

Los Artículos de la presente Convención no estarán sujetos a reservas.

Artículo 20
Duración y denuncia

1. La presente Convención tendrá duración ilimitada.

2. Cada Estado Parte tendrá, en ejercicio de su soberanía nacional, el derecho de denunciar la presente Convención. Comunicará dicha denuncia a todos los Estados Parte, al Depositario y al Consejo de Seguridad de las Naciones Unidas. Tal instrumento de denuncia deberá incluir una explicación completa de las razones que motivan la denuncia.

3. Tal denuncia sólo surtirá efecto seis meses después de la recepción del instrumento de denuncia por parte del Depositario. Sin embargo, si al término de ese período de seis meses, el Estado Parte denunciante está involucrado en un conflicto armado, la denuncia no surtirá efecto antes del final del conflicto armado.

Artículo 21
Relaciones con Estados no Parte de la presente Convención

1. Cada Estado Parte alentará a los Estados no Parte a ratificar, aceptar, aprobar o adherirse a la presente Convención, con el objetivo de lograr la vinculación de todos los Estados a la presente Convención.

2. Cada Estado Parte notificará a los gobiernos de los Estados no Parte de la presente Convención, a los que se hace referencia en el apartado 3 de este Artículo, de sus obligaciones conforme a la presente Convención, promoverá las normas que ésta establece y hará todos los esfuerzos posibles por desalentar a los Estados no Parte de la presente Convención de utilizar municiones en racimo.

3. Sin detrimento de lo previsto en el Artículo 1 de la presente Convención y de conformidad con el Derecho Internacional, los Estados Parte, su personal militar o sus nacionales podrán cooperar militarmente y participar en operaciones con Estados no Parte de la presente Convención que pudieran desarrollar actividades que estén prohibidas a un Estado Parte.

4. Nada de lo dispuesto en el apartado 3 de este Artículo autorizará a un Estado Parte a:

(a) Desarrollar, producir o adquirir de un modo u otro, municiones en racimo;
(b) Almacenar él mismo o transferir municiones en racimo;
(c) Utilizar él mismo municiones en racimo; o
(d) Solicitar expresamente el uso de municiones en racimo en casos en los que la elección de las municiones utilizadas se encuentre bajo su control exclusivo.

Artículo 22
Depositario

El Secretario General de las Naciones Unidas será el Depositario de la presente Convención.

Artículo 23
Textos auténticos

Los textos en árabe, chino, español, francés, inglés y ruso de la presente Convención serán igualmente auténticos.

ISBN: 978-84-9830-221-9, 2009, Bilbao

NORMAS PARA LA PRESENTACIÓN DE ORIGINALES

1. Los artículos deberán ser originales e inéditos, y no debe estar comprometida su publicación en otro medio.

2. Los artículos podrán presentarse en castellano o en euskera. Deberán incluir un resumen (máximo 10 líneas), así como las palabras clave.

3. Los trabajos se remitirán hasta el mes de marzo para los números 1 y 2 de cada año y hasta el mes de septiembre para los números 3, 4 y 5, y serán publicados una vez su evaluación sea positiva por parte de evaluadores externos.

4. La extensión del trabajo será de entre 25.000 y 40.000 palabras en papel DIN A4, a un espacio y medio, incluyendo gráficos, cuadros, tablas y bibliografía. El tipo de letra utilizada deberá ser la misma.

5. Los artículos serán enviados en soporte informático a la siguiente dirección: fegomez@der.deusto.es o a la dirección postal del Instituto de Derechos Humanos.

6. En la primera página se indicará: título del artículo, nombre y apellidos del autor, dirección, teléfono y correo electrónico, así como la filiación institucional del autor y la forma en que desea que aparezca.

7. Todos los gráficos deben estar numerados correlativamente, llevar título y la fuente correspondiente. Los mismos requisitos son aplicables a cuadros y tablas. En el texto se deberá indicar la referencia concreta del lugar en el que debe incluirse el gráfico, el cuadro y la tabla.

8. Las siglas irán acompañadas del nombre completo la primera vez que se citen en el texto, y entre paréntesis. Ejemplo: Alto Comisionado de Naciones Unidas para los Refugiados (ACNUR).

9. Las notas irán siempre a pie de página. Estas, y las referencias bibliográficas seguirán la siguiente lógica, en cuanto a formato:

   LIBROS: WEBER, Max (1944): *Economía y sociedad.* Fondo de Cultura Económica, México.

   ARTICULOS: HALFMANN, Jost (1997): "Inmigration and citizenship in Germany", *Political Studies,* Vol. 45, nº 2, pp. 260-290.